ベン・ホーガン
パワー・ゴルフ

Ben Hogan
Power Golf

完璧なスウィングの秘訣はここにある

ベン・ホーガン●
前田俊一訳

筑摩書房

序文

ベン・ホーガンが傑出したゴルファーとなったのは彼の忍耐力と完璧主義のたまものなのだが、私はこれまでその生き様をつぶさに見てきた。その私が本書の序文を寄稿することを頼まれ、大きな喜びを感じている。彼の書いた本はすべて完璧なものであると確信している私としては、本書もその期待を裏切らないものであると思う。

彼ベン・ホーガンほど努力をした人もいないであろうし、また彼ほど多くの困難を乗り越えて、一流となった人はいない。素晴らしいスウィングの持ち主である彼が、最初は左打ちで、その後、クロスハンドのグリップで右打ちに変えて、さらに、グリップをインターロッキング、オーバーラッピングを経て、最終的に今のホーガン流のオーバーラッピング・グリップにたどり着いたことなど、今の彼のプレーからは信じ難いことである。

第二次世界大戦中、シカゴで行われた大きなトーナメントでボビー・ジョーンズはベン・ホーガンと一緒にプレーする機会があった。プレーを終えたあとでボビー・ジョーンズは、スポーツライターのグラントランド・ライスと私に次のようなことを語った。

「自分もゴルフにかけては、ずいぶんと努力してきたと思う。ヘーゲン、そしてサラゼンも同様に努力家だと思う。でも、ゴルフだけでなく他のスポーツを見渡しても、ベン・ホーガンほどの努力家は見たことがないよ。自分もそれなりに努力はしてきたし、他の人たちもそうだろう。しかし、彼の努力は半端じゃないよ。いつも彼は、バーディーを取ることしか頭にないんだ。実際、60ヤード、70ヤードのピッチ・シヨットを直接カップインさせようとしていたことがよくあったよ。彼の狙いはグリーンではなく、カップそのものなんだ。ゴルフでは、失敗を恐れずに果敢に挑戦する能力は、試合に勝つための大きな要素なんだ」

ベン・ホーガンが最初にトーナメントに出場した頃には、すでに私はトーナメントの常連であった。私は、彼が2番アイアンのショットでミスしたのを見たことがあるが、そのラウンドの後で彼はキャディーを連れて練習場に直行し、何時間もの間、ミスをしたと同類のショットを打ち続けたのだった。

ゴルフに対する彼の徹底した取り組み姿勢は、彼自身のスウィングに反映されているだけでなく、彼が本書で解説しているゴルフの細部についての知識に凝縮されている。ゴルファーとしての頂点を極める過程で、彼ベン・ホーガンは考えられるほぼすべての側面について実験済みであり、その経験を彼は正確に解説することができるのだ。

ベン・ホーガンの最初のメジャー競技での勝利は、一九四六年にオレゴン州ポートランドで開催されたPGA選手権であった。将来の更なる活躍が十分に期待できるほどの楽勝であった。これに先立つ一九三八年以来、彼は実力の安定したプレーヤーであり、一九四〇年、四一年、四二年、そして四六年とマネーランキング首位だった。ところが、彼がまさに絶頂期を迎えようとしていた一九四二年に、彼は陸軍航空隊に入隊することとなった。しかし、陸軍航空隊での兵役期間は、単に彼の名声のたかまりを先延ばししたに過ぎなかった。事実、兵役から戻り、一九四六年にポートランドでのPGA選手権で優勝して、彼はこのことを証明したのだった。

飛距離を出すことについてのベン・ホーガンの解説に注目するとよい。体重が一三七ポンド（約六二キログラム）たらずではあるが、彼はロング・ヒッターの一人であり、彼よりも筋骨隆々とした肉体をもったゴルファーと比べても全く引けをとらないのだ。ベン・ホーガンは、体全体をフルに使って飛距離を出しているのだ。インパクト時の彼のハンド・アクションは圧巻だ。

ドライバー以外のクラブも、もちろんすばらしい。ドライバーだけでなくすべてのクラブをうまく扱えないのであれば、状況の異なる多くのコースで、幾多のトーナメントで勝利を収めることは決してなかっただろう。さらに加えてすばらしいのは、彼は本書で彼流のやり方について実にうまく解説していることだ。

全米プロゴルフ協会元会長　エド・ダドレイ

献辞　一九三九年全米プロ選手権チャンピオンのヘンリー・ピカードに捧げる

プロゴルファー仲間での私の大親友の一人と言えば、それは、ヘンリー・ピカードだ。すばらしいゴルファーであり、すばらしいインストラクターであり、また人間としてもすばらしい人物だ。

多くの人が知っているように、トーナメント・ゴルフに参戦した最初の頃の私の成績は芳しいものではなかった。自分の経費をまかなうだけの賞金を手にするまでに、長い道のりが必要だった。彼ピカードは、私のゴルフ・キャリアの大変重要な時期に、励ましと経済的支援を申し出てくれた。当時はおそらく彼は認識してはいなかっただろうが、私がゴルフを続けていくための勇気を与えてくれたと心の底から言うことができる。

こんな話をすると彼はいかにも彼らしく、いつものように困惑するだろうが、とにかくそのことを話したいと思うし、彼もそのことを許してくれると思う。

私がトーナメントでなかなか勝てなかった初期のころ、経済的に余裕がなく、故郷に帰ることもままならない状況であった。

事実、あるトーナメントで優勝できなければ、妻と私が食べていくだけの金を工面する何の手段もなかったのだ。ピカードはそんな私の苦境を感じとっていたに違いなかった。そのトーナメントの前に私のところに来てこう言うのだった。

「なあ、ベン、君の経済状況がどうかは知らないし、余計なお世話かもしれないが、もし、競技を続けていくのに助けが必要ならいつでも遠慮なく言ってきてくれよ」

幸いにも、経済的援助を求めてピカードを訪ねることはなかった。でも、困った時にはいつでも彼の援助があるという思いは、金銭上の悩みを忘れさせてくれた。結局、そのトーナメントで優勝できて、ゴルフを続けていくだけの賞金を得ることができたのだ。それ以来、ゴルフをやってこられている。

彼ピカードが、競技ゴルフの一線から退いて、トーナメントを選んで参戦することを決断した時、ペンシルベニア州のハーシー・カントリー・クラブ所属のプロの職を私に勧めてくれた。彼の推薦のおかげで、私は職につくことができた。かなりの期間、私はそこの所属のプロとして試合に出場した。それは、私にとって大変満足のいく良縁とも言うべきものであった。

したがって、わずかな感謝とお礼の印として、私は本書をヘンリー・ピカードに捧げることとしたい。彼こそは私にとって心の友であり、また、これまで常に私を鼓舞してくれた人物である。

ベン・ホーガン

〔訳者注〕

＊原著で使われている“hips”は、「骨盤および股関節まわり」を意味するものであり、日本語で言う「ウエスト」「尻、臀部」とは異なる。本文では、「腰」と訳した。

＊原書で使われている“leg”は「脚」、“foot”は「足」と訳した。

ベン・ホーガン　パワー・ゴルフ　目次

ベン・ホーガン　パワー・ゴルフ

完璧なスウィングの秘訣はここにある

装丁　渡邊民人（Typeface）
カバー写真　ボブ・トーマス／ゲッティイメージズ

はじめに

みなさんは、〝生まれながらのゴルファー〟についてこれまで書物で読んだことがあるかも知れないが、そんなゴルファーなどはいない。生まれながらにして持っている能力は、個人差があるにしても、そのような能力はすべて後天的に身につけたものだ。

本書を通じて私は、読者のみなさんのスウィングを改善し、スコアを何ストロークか縮めたいと思っている。

この目的を達成するためには、読者のみなさんも少し頭を使うことと、多くの練習に耐え抜く覚悟が必要だ。本書で、私は、長年の練習とこれまで私が参戦してきた多くのトーナメントで学んだことを紹介しようと思う。正しいゴルフ・スウィングを身につけることは、不可能なことではない。不可能だとあなたに信じこませようとする人もいるだろうが、決してそうではないのだ。

正しいゴルフ・スウィングを身につけるためには、正しい考え方が不可欠だ。そうでないと正しいゴルフ・スウィングを身につけることは不可能なのだ。平たく言えば、クラブを握って、ゴルフ・ボールに向かってティー・ショットするのに、本能にまかせて打つのはまったくの間違いだ。本能を封じ込めて、本能の命ずるのとはまったく逆のことをする。そうすれば、おそらくは完璧なゴルフ・スウィングに近づくことができる。

しかし、いわゆる〝生まれながらのゴルファー〟と言われる人達でさえ、苦労に苦労を重ねてゴルフを学んでいるのだ。人によっては、他の人より少しばかり早く学ぶことができるにせよ大差はないのだ。

本書での私のアプローチは、マイナス思考ではなくプラス思考だ。つまり、正しいゴルフ・スウィングを学ぶ過程で身についてしまいがちな欠点を強調することで、読者のみなさんを怖気づかせたり、恐れさせたりするような書き方はしていないということだ。

プラス思考に立って、私の教えのすべてについて、なぜそうするのかという根拠と理由を説明しようと思っている。**私のゴルフには、これまでのたゆまぬ試行錯誤の結果から導きだされた完璧な理由、根拠があることを強調したい。**私の経験はすべてこのような考え方に基づいているものであることを、繰り返し言っておきたい。

本書の第一章の「ホーガン流グリップの進化」を読んでいただければ、ゴルフを学ぶ過程で、私がすべての間違いをすでに経験し、実証済みであることを、わかっていただけるのではないかと思う。「初心者が、本を読むことでゴルフを学ぶことができるかどうか」という質問をこれまで何度となく受けてきた。もちろん、ベストな方法は、有能なインストラクターにつくことだ。これは、否定することのできない事実だ。

しかし、練習やラウンドをする時に本書の私の教えに意識を向け、注意を払うのであればスコアの改善は間違いなしだ。どの位のスコアの改善につながるかは、あなた次第だ。とは言うものの、ゴルフのスコアは相対的なものだ。

私の意見では、偉大なラウンドはトーナメント・プロや上級アマチュアだけのものではない。むしろ、スコアが85から90ぐらいのゴルファーによって達成されるものだ。大げさに聞こえるかも知れないが、しかし、本当だと思う。その理由はこうだ。

プロのトーナメントでの最少スコアは62だ。複数のプロが達成している。私自身二度やっている。一度目は、オークランドで、二度目はシカゴでの試合でだ。私以外にも、ウォルター・ヘーゲン、ローソン・リトル、バイロン・ネルソン、ジミー・デマレー、ジム・フェリエー、ハーマン・カイザーも62のトーナメント・レコードを持っている。62のスコアを叩きだすということは、どんなにやさしいコースであろうともすばらしいことだ。

しかし、私に言わせれば、85から90のスコアのレベルのゴルファーが75で回ってきたとすれば、それはもっとすばらしいゴルフだと言える。これは、プロが59を出したのに値する。なぜなら、スコアが85から90ぐらいのレベルのゴルファーは、ほとんどの（パー4の）ホールで二打でグリーンにとどかせるのは不可能だからである。

彼らが二打でグリーンを狙うということは、ウッド・クラブを手にしなければならないということだ。われわれプロは、ショート・アイアンでツーオンさせることができる。しかし、ウッド・クラブでグリーンを狙うということは、アイアンの場合と比較にならないくらい小さなターゲットを狙うことになる。

スコアが85から90ぐらいのレベルのゴルファーにとって、ウッド・クラブでグリーンにとどかせて、グリーン上にボールを止めるのはほとんど不可能に近い。一方、プロは、ショート・アイアンで十分なバックスピンをかけて、グリーンの狙ったところに自在にボールを止めることができるのだ。

私が、85から90のスコアのレベルのゴルファーと同じようにやらなければならないとしたら大変なことだ。彼らは、二打でボールをグリーンにとどかせて止めるチャンスはほとんどないとわかっていても、とにかく、ウッド・クラブで打つ。もし、ラッキーであれば、ストレート・ボールを打って、グリーンにとどかせることができるかもしれないが、ボールを止めることはほぼ不可能だ。なぜなら、ウッド・クラブで打たれたボールは、スピードがあり、ほとんどバックスピンがかからないからだ。それに比べ、プロは状況に応じて、低い球、高い球を打ち分けて、バックスピンを自在にかけることができる。

ほとんどのゴルフ・コースでは、スコアが85から90のレベルのゴルファーがティー・ショットをして、ほぼバンカーにつかまるように設計されている。われわれプロは、普通のバンカーなどは気にしない。なぜなら、これらを簡単に越えてゆくことができるからだ。

私は、85から90のスコアのゴルファーには頭が下がる思いがする。だからこそ、そのようなゴルファーを、本書で助けてあげたい。正しいゴルフプレーの方法を身につけたいという情熱を持ち続けていさえすれば、本書での私の教えを学ぶ資格はあると思う。

かつて、ボビー・ジョーンズは、「ゴルフをプレーする価値があるとするならば、正しくプレーすることだ」と言った。この言葉はまさに、うまくなりたい一般ゴルファーの理想的な考え方を適切に表現したものだ。もちろん、本書によって、読者をボビー・ジョーンズにしようというものではない。しかし、懇親や楽しみのためにゴルフをする人たちにとっても本書は役に立つと思う。

ある人が「スコア90が、ゴルファーとそうでないかを分ける境界線だ」と言ったことがある。これがもし真実であるとするならば、真にゴルファーと呼ばれる人たちは、ゴルファー全体の15から20%くらいしかいないことになる。しかし幸いなことに、自分はこのゴルファーの部類に入ると自認しているゴルファーは、この比率よりもはるかに多いようだ。

ゴルフを学ぼうと思っている人は、何か課題を持っているはずであり、本書を読むことで多くの課題や問題についての解を見つけることができるであろう。

第一章　ホーガン流グリップの進化

私が左打ちから右打ちに変えた理由

私がゴルフを始めた最初の頃は、左打ちであったことを知って多くの人は驚く。新聞のゴルフ欄でこのことを書いたら、読者からたくさんの手紙をもらった。

多くの左利きのゴルファーは、私が今では右打ちでプレーしているのは、私が「左利きの人は右打ちでプレーすべきだとの考えを持っている」と誤解したりもした。つまり、ゴルフというものは身体の片側だけを使うゲームだというわけである。しかし、そんなことは全くないのだ。

左打ちでプレーしている人が、右打ちに変えて最初からやり直す理由など毛頭ない。特に今では、左打ち用のクラブが製造されているし、右打ち用クラブ同様、比較的簡単に手に入れることができるからだ。

私が、左打ちから右打ちに変えたのは、かなり年少の頃のことだ。

当時は、右打ち用のクラブしか手に入らなかったからということもあり、また、ゴルフ仲間からは、左打ちのゴルファーは決してよいゴルファーになれないということをもっともらしく吹き込まれていたからだ。何も知らない私は、そのことを真に受けて、左打ちから右打ちに変えたというのが真相だ。

今であれば、そんなことはしないだろう。確かに優秀なゴルファーには右打ちが多いということは言える。しかし、それは単に統計上の問題に過ぎない。数において、右打ちゴルファーの方が左打ちのゴルファーよりも、圧倒的に多いからだ。

また、ゴルフ・コースにしても、左打ちのゴルファーに不利になるように設計されているということもない。ドッグレッグにしても、右、左ほぼ同数だ。

自分は右打ちに変えるべきかどうかの質問をしてきた左打ちゴルファーは、私のグリップの変遷について知っていたとしたら、このような投書をしてくることはなかったであろう。

つまり、グリップに関して言えば、私はこれまで考えられるありとあらゆる方法を試してきた。私が現在、採用しているグリップは、ゴルフを始めて以来、これまでの一連の試行錯誤の末にたどり着いたものだ。

ホーガン・グリップの誕生

一九四五年秋に、私は兵役から戻り、それまで、軍隊にいた頃に実験的にやっていたグリップを大きく変えた。

軍隊から戻った後でゴルファーとして成功するには、私の悪い癖であるオーバースウィングを直すのにグリップを変える必要があると常々思っていたからだ。

トーナメントに復帰する頃には、グリップの修正も完了し、すべて順調であった。以前は、いわゆる「ロング・サム」というやり方で左手親指をシャフトの上に長く伸ばすようにして置いていた。しかし、この方法だとバックスウィングで左親指がシャフトの上でずれ、結果としてトップでグリップが緩んでしまい、クラブを完全にはコントロールできなくなるという問題があったのだ。

この悪い癖を直すのに、左手親指を少し上に引き上げて、いわゆる「ショート・サム」になるようにしたのだ。

この修正は、半インチ（約一・三センチ）にも満たないほどのわずかな調整ではあったが、オーバースウィングを矯正するには十分なものだった。もはや、トップでクラブが緩むことはなくなった。

初心者にとっては、左手親指を半インチ調整したからといって大きな変更ではないだろうが、トーナメントで会った仲間のプロが、すぐにこのことに気付いてコメントしてきたほどに大きな修正だったのだ。

これらのことからも、ゴルフ・スウィングにおけるグリップの重要性がわかっていただけると思う。また、トーナメント・プロがスウィングの改善を求めて、いかにお互いをつぶさに観察しているかがわかるというものだ。

新しいグリップに慣れるのには、ある程度の時間がかかったが、すでに述べたように、一九四五年にトーナメントに復帰する頃には問題なく自分のものにしていた。

実際、一九四五年の秋にテキサス州のノックスビルで開催されたトーナメントでうまくやりとげることができた。トーナメントのプレッシャーの下でうまくいくとは当初期待してはいなかったが、72ホールで287の好スコアを叩きだして、われながらびっくりしたものだ。結果は第三位で、ある程度の賞金を手にすることができた。新しいグリップが熾烈な競争の洗礼に耐えることができて、大満足であった。以来、私はこの新しいグリップを採用している。

私のグリップは、英国の偉大なゴルファーであるハリー・バードンによって有名となり、多くのトップ・ゴルファーが採用している「オーバーラッピング・グリップ」に近いものである。

しかし、厳密に言うならば、「オーバーラッピング・グリップ」と全く同じというわけではない。違いは、右手小指と左手人指し指との関係と、左手に対する右手の位置の二点である。

従来型では、右手小指は、左手人指し指に重ね合わせる、いわゆるオーバーラップされるものだ。しかし、私は、右手小指を左手人指し指の関節の突起にひっかけるようにして握ることで、より大きなパワーをクラブヘッドに伝えることが可能となり、しっかりとグリップできることを発見したのだった。

もう一つの違いは、私の右手は左手の外側の上方に置かれるということだ。こうすることで、両手を一体として動かすことができ、より多くハンド・アクションを使うことができ、その結果インパクトでクラブヘッド・スピードを増幅させることが可能となるのだ。

最初に正しいグリップを身につけることは、ゴルフを学ぶ上で最も重要なステップの一つだ。したがって、まずゴルフにおけるグリップの意義と目的について考えていくことにしよう。

グリップの重要性について

グリップがなぜそれほど大事であるのか。それは、グリップこそが、エネルギーとプレーヤーの意図をクラブに伝えるものだからだ。

このことを最も効率的に行うためには、両手とリストがお互いケンカすることなく〝ワン・ユニット〟(一体)となって機能できるようなグリップを身につけなければならないのだ。つまり、インパクト時にクラブフェースを正しい角度に保ちながら、スウィング中に自由かつ一体となったハンド・アクションが不可欠ということだ。

スウィングの目的は、最大のエネルギーをグリップを通じてクラブに伝えるまさにその瞬間に、クラブ

ヘッドをボールにソリッドに（しっかりと）コンタクトさせることである。

グリップするに際して、ボールを打つイメージをもちながら、クラブヘッドを地面に自然に置くのはよいことだと思う。こうすることで、インパクトでクラブフェースが最初に想定したポジションに戻ることを、ほぼ確かなものにしてくれるからだ。

グリップについて、よく受ける質問は、「握力を強化するトレーニングをしていますか？」というものだ。

その答えはイエスではあるが、かつてプレーする頻度が少なかった時ほどにはやっていない。握力は大変に重要であるし、もしプレーする頻度があまり多くないのであれば、握力強化のトレーニングをして、両手のコンディションを整えておくことはよい考えである。しかし、握力の強さは必要ではあるが、同時に、求められる動きに対して鋭敏でなければならないのだ。

つまり、握力は強くなければならないが、同時にデリケートなタッチというものを兼ね備えていなければならないのだ。

ここ一番のショットを成功させなければならない時に、ビリヤードの名手の繊細さとタッチを要求されることがゴルフにはままあるからだ。

個人的には、手にむくみを感じない時の方が調子がよい。むくんでいると感じる時には思うようなグリップができないのだ。自分でもどうしてかはわからないが、朝、両手にむくみを感じることがよくある。そう感じる時は、その日のゴルフはあまり調子がよくない。

つまり、両手のコンディションとゴルフの調子は関係があるということだ。握力をつけるトレーニングとして私がやっているのは、前腕が固くなるまでタオルを両手で絞る動作をすることだ。

しかし、プレーを休まなければならない事情がある時以外は、このトレーニングはやらない。このような握力をつけるトレーニングをせずとも、ある程度の頻度でプレーすることで握力を良好な状態に保つことができるからだ。また、手袋をする必要もないと思っている。

握力をつけるための特別なトレーニング、そのこと自体はよいことには違いないが、やり過ぎは禁物だ。これに関しては、ある有名なプロが犯した過ちを繰り返してはいけない。

このプロは、コロラド州デンバーのチェリーヒルズで開催された一九三七年度ナショナル・オープン・チャンピオン選手権に向かう列車の中で、握力をつけるトレーニングをしようとして、固いゴム・ボールを購入した。

彼は、列車の中でずっと、このゴム・ボールで握力強化のトレーニングをやり続けた。ゴム・ボールを力を入れて強く握っては、力を抜くという反復動作を何回となく繰り返したのだ。

トーナメントの初日の朝、彼はショットをコントロールすることができなかった。つまり、彼は、ゴルフに不可欠な両手の〝フィーリング〟を全く失ってしまっていたのだ。

このプロにとって、握力強化の特訓はとてつもなく高価な代償となってしまったのだった。

ホーガン流グリップとは、どういうものか

私自身、自分流の「オーバーラッピング・グリップ」を気にいっているので、当然のことながら、本書ではこのグリップについて解説していく。

まず、左手のグリップについてであるが、左手は完全な「パーム・グリップ」である。レザー・グリッ

プであろうとラバー・グリップであろうと、左手の手の平のふくらみのちょうど上から手の平を対角線上に横切るようにクラブのグリップ部分を置くことだ。

その上で、左手親指は、少しばかりシャフトの右側に置いて、左手のグリップを完成させる。こうして完成された左手のグリップは、上から見ると左手の人指し指、中指、薬指の三本の指の関節（ナックル）が見える。

また、もちろん左手全体がクラブのシャフトをしっかりと握っている。左手のグリップでは、人指し指と親指の二本指よりも中指、薬指、小指の最後の三本指の方に、よりプレッシャーがかかっている。

つまり、クラブのグリップ部分に左手のふくらみ部分を押し付けるようにして、この最後の三本指でグリップすることだ。こうすることで、しっかりとした左手のグリップが完成する。

実際にやってみれば、クラブがしっくりと左手の中に収まっている感覚を持つことができると思う。

次に右手のグリップに関して言えば、完全な「フィンガー・グリップ」だ。つまり、クラブのグリップ部分は右手の指の付け根を対角線上に横切るように置かれる。

その上で、右手でシャフトを正しく握ると、右手の手の平に、左手親指を収めることのできるスペースができる。

右手親指は、シャフトの真上ではなく、いく分左側に置かれる。右手が左手の上方で重なり合っていることを確かめることだ。もちろん、この目的は両手を一体化させて、〝ワン・ユニット〟として働かせることができるようにするためだ。

右手は、中指と薬指の二本の指にプレッシャーがかかるように握るといいだろう。なぜなら、クラブは右手の手の平の大部分を残して、指の付け根部分だけで握ることになるからだ。

応用編　フックやスライスの打ち方

初心者はグリップについてあれこれと実験などしない方がよい。しかし、上達度合に応じて、フックやスライスを意のままに打てるようにある程度の調整をほどこすことは悪いことではない。

意識的にフックやスライスが打てれば、障害物を避けてプレーすることができ、大変便利だからだ。

ただし、忘れてはならないことは、これらの技術は上級者向けのものだということだ。初心者は、基本が身につくまでは実験などしない方がよい。まず、ストレート・ボールをきちんと打てるようになるまでは、グリップをあれこれといじくり回さないことだ。

フックを打つには、両手をそのままシャフトの右側に移動させればよいのだ。こうすると、違和感を感じると思うが、スウィングそのものをなんら変えることなくフックを打つことができる。

つまり、フックを打つためのこのグリップでは、両手が通常のポジションに戻り、一方クラブフェースは自動的にクローズとなってインパクトを迎えることになるからだ。そうすることで思った通りのフックが出るのだ。

フックとは逆にスライスを打つには、両手のグリップをシャフトの左側に移動させればよい。こうすることで、両手はスウィング中、自然なポジションに収まる。つまり、インパクトでクラブフェースはオープンになり、意図したフェードやスライスが出るのである。

しかし、意図的にフックやスライスを打つためのグリップで、一つ注意しなければならないことがある。それは、アドレスでのクラブフェースの向きは、飛球線に対して、いずれの場合もスクエアでなければならないということだ。決して、クラブをターンしてはいけない。フックあるいはスライスを打とうと決めたら、まず通常のグリップを緩めて、その上でフック用又はスライス用にグリップし直す（リグリップする）ことだ。

フックやスライスは自由自在に打てれば、大変便利な技と言える。**意識的かつ、コントロールされたフックやスライスを打つことを学ぶことは、ボールがフックやスライスする原理を理解することでもある。**このことが理解できれば、フックやスライスが出ても何ら心配することもないのだ。

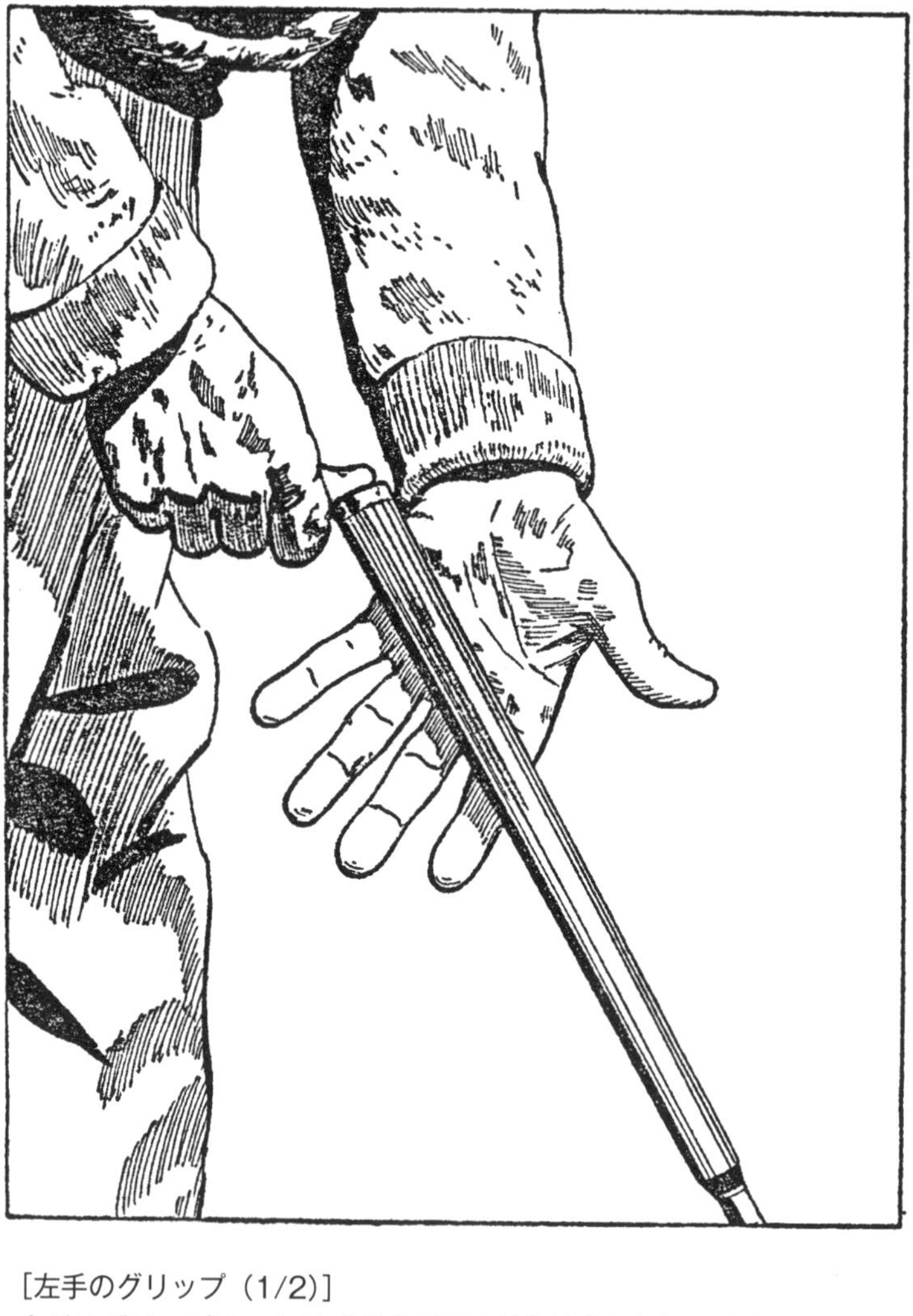

[左手のグリップ（1/2)]
左手のグリップは、クラブが手の平を対角線上に横切るように置かれる。このイラストでは、手の平の指の付け根が影になって見えにくいが、実際にはクラブは、指の付け根の上、かつ手の平のふくらみの下にあてがわれて、人指し指に向かって対角線上に横切るように置かれる。

[左手のグリップ：左手親指の位置（2/2)]
左手親指はシャフトの少し右側に置かれる。上から見た場合、人指し指、中指、薬指の三本の指の関節（ナックル）が見える位置である。また、左手がシャフトを十分に握り込んでいることに注目。人指し指と親指でできたV字は、ほぼ右肩を指す。

[右手のグリップ（1/3)]
右手のグリップでは、クラブは指の付け根の下を斜めに横切るように置かれる。右手を左手に被せる前の右親指側の手の平のふくらみ部分と左手との位置関係に注目。

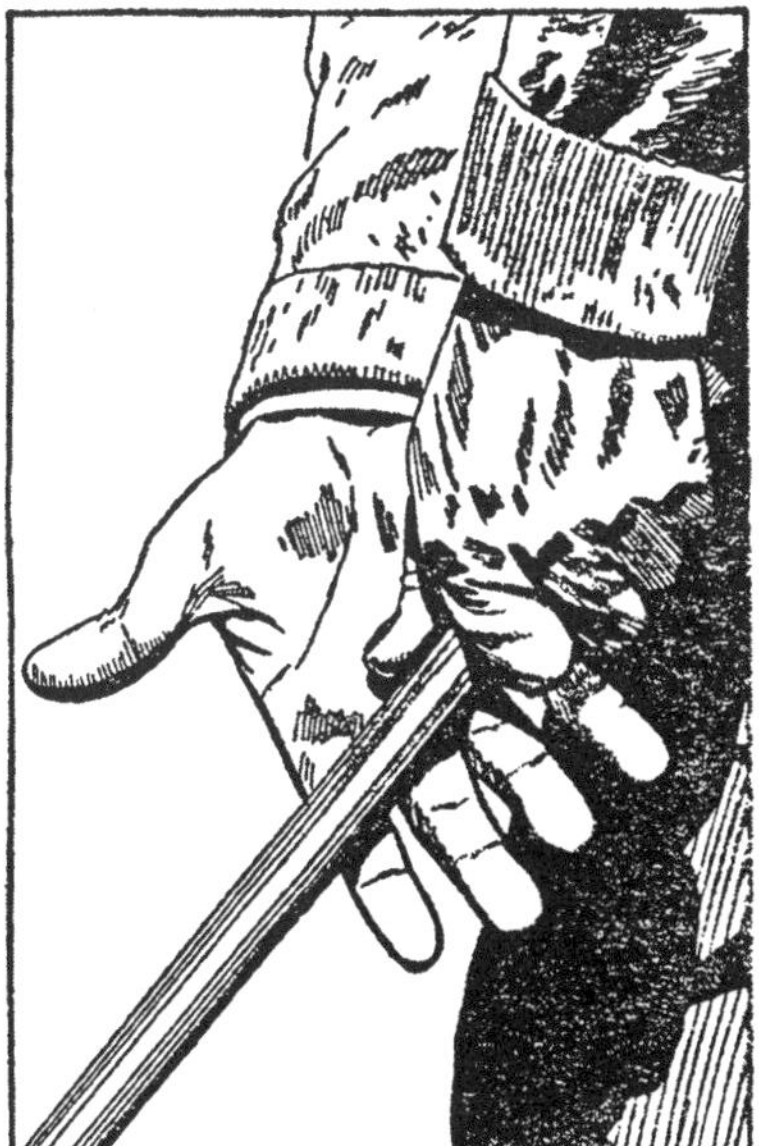

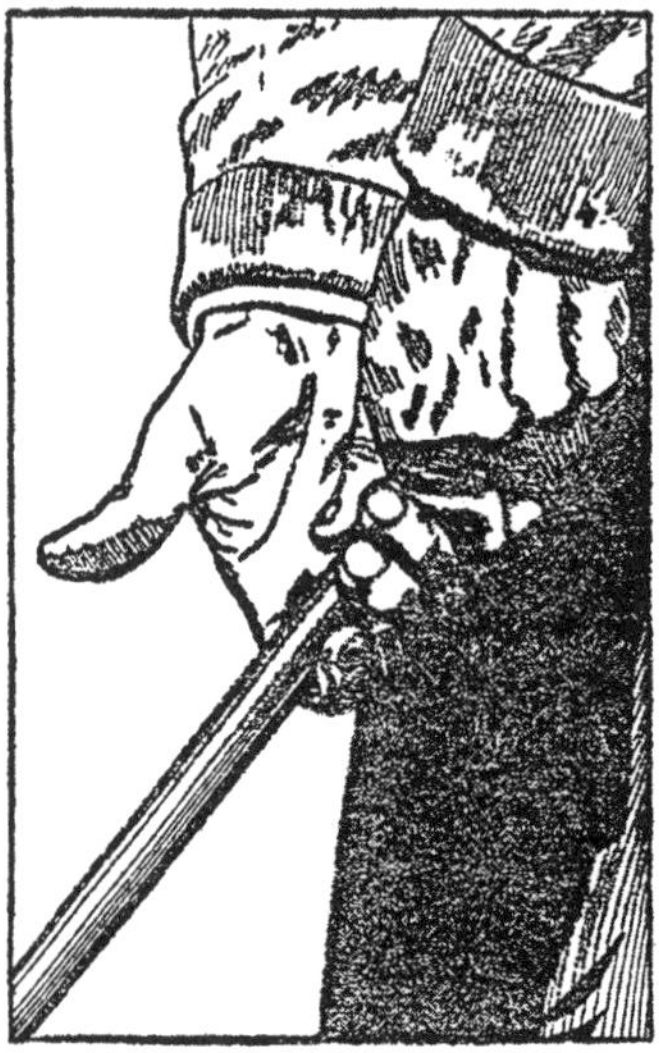

[右手のグリップ（2/3)]
このイラストは、右手は「フィンガー・グリップ」であることをはっきりと示している。右手小指は左手人指し指の関節の裏側に引っかけられている。

[右手のグリップ（3/3)]
右手を添えるにあたって、左親指が収まるのに十分なスペースができている。
右手親指は、シャフトの少し左側に置かれる。右手の人指し指と親指でできたV字は、シャフトに沿って、まっすぐになっている。

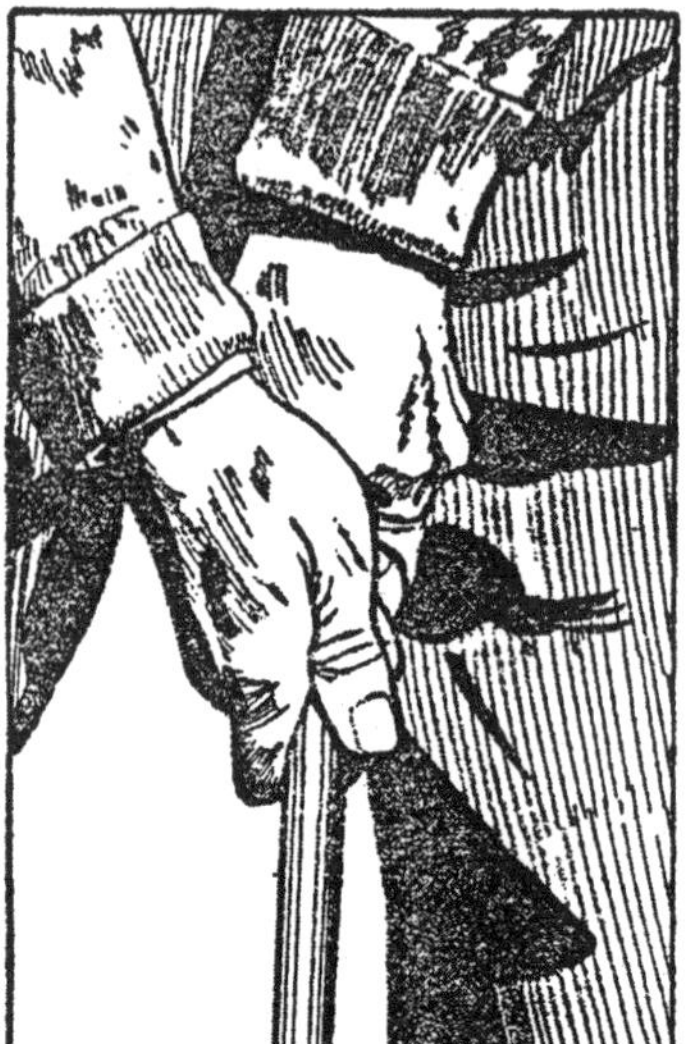

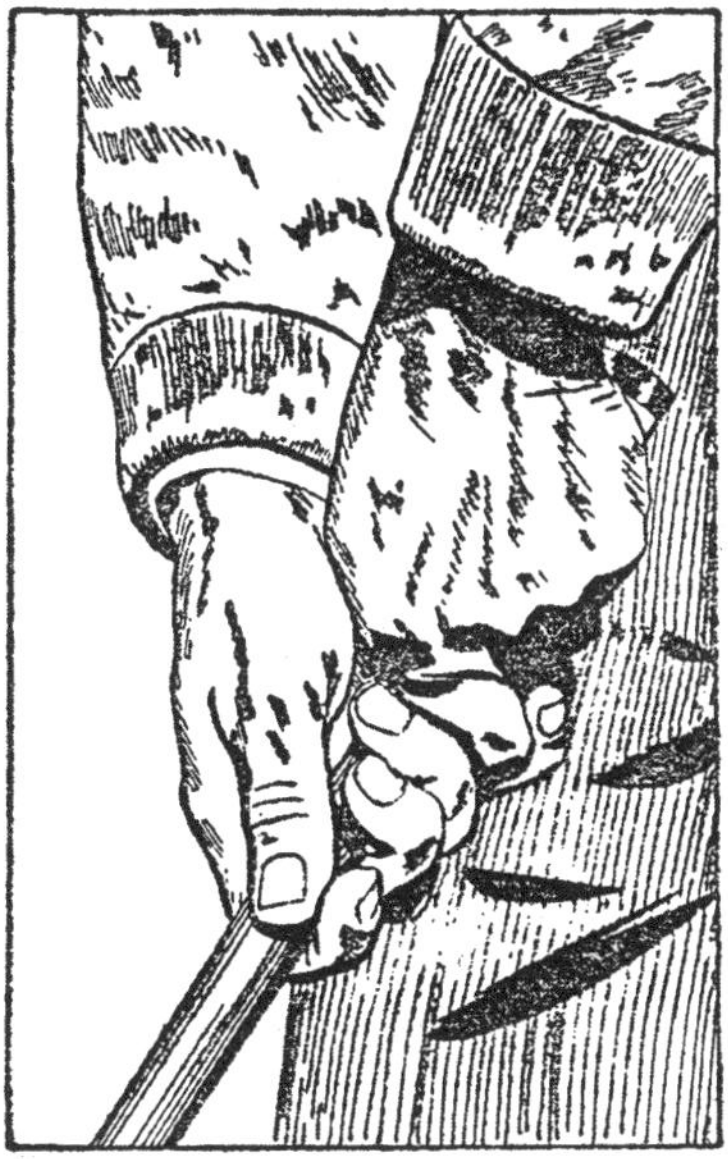

［グリップの完成］
右手は、左手のかなり上方に置かれている。こうすることの目的は、両手が一体となって働くようにするためである。右手の中指と薬指の二本にプレッシャーがかかる。

［指関節の位置］
指関節（ナックル）を示したこのイラストは、それぞれの指の位置を明らかにするものだ。私が右手小指を左手人指し指とその関節にどのように引っかけているかがよくわかる。これは、私流の修正である。かつては、私だけがやっていた方法だと思う。こうすることで、スウィング中にしっかりとしたグリップを保つことができ、結果的に両手首を最大限に使ってヘッド・スピードを上げることができるのだ。

［フック・グリップ］
フックを打つには、このイラストが示しているように両手を右にターンさせることである。こうすることで違和感を持つかもしれないが、スウィングを何ら変えることなくフックを打つことができる。つまり、スウィングは変えずに、インパクトでクラブフェースが自動的にクローズの状態で戻ってくることで、フックが出るのだ。

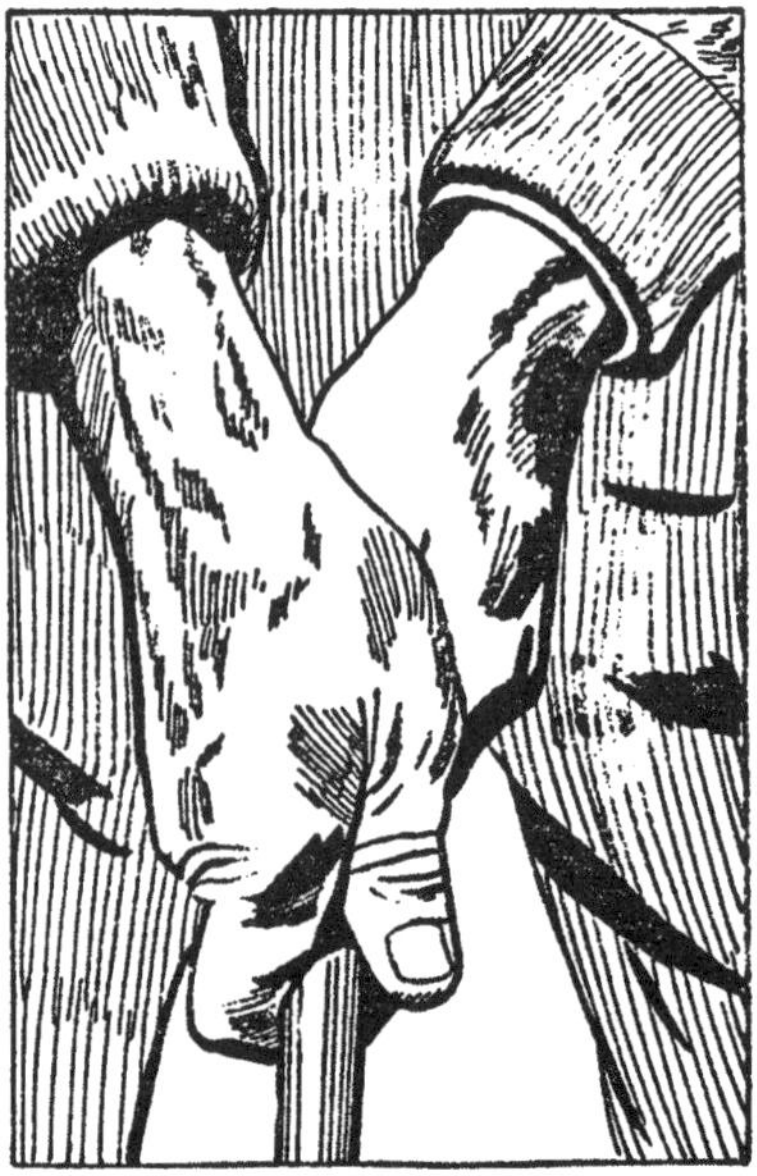

［スライス・グリップ］
このイラストが示すように、両手をシャフトの左側にターンすることだ。こうすることで、自動的にクラブフェースがオープンの状態でインパクトを迎え、フェードまたはスライスが出るという具合だ。アドレスの時のクラブフェースは飛球線に対してスクエアでなければならない。スライスやフックを打つためのグリップでは、まず両手のグリップを緩めた上でフック用またはスライス用のグリップに握り直す（リグリップする）ことだ。

第二章　クラブの選び方のポイントと、ショットにあたってのクラブ選択

自分のフィーリングに合ったクラブを選ぶ重要性

すべてのゴルファーに共通することがある。それは、常に新しいクラブに関心を持っているということだ。だから、一般ゴルファーはゴルフ・ショップに入って陳列されているほとんどすべてのゴルフ・クラブを手に取ってフィーリングを確かめたりする。たとえ、今使っているクラブに何の問題がなくても、そうする。

彼は、今使っている気にいったクラブが摩耗したり、折れたりした時に備えておきたいと思っている。そういうことが起きてもロッカーに予備のクラブがあれば安心という訳だ。

クラブを選ぶ際には、私はいつも自分のスウィングに合ったクラブを探すことにしている。つまり、これまで長年かけて作り上げてきたスウィングを、クラブに合わせるために急に変えることなど無理な話だからだ。

自分の〝フィーリング〟に合ったクラブを選ぶこと。それは大変重要なことだ。これは、次のような私の経験からもわかってもらえると思う。

一九四七年にアリゾナ州フェニックスで開催されたオープン競技前日のプロ・アマ競技でのこと、私は

愛用のドライバーを折ってしまった。このドライバーは、一九三七年以来愛用していたもので、多額の賞金を稼いでくれたクラブだ。

したがって、今は別のドライバーを使っているが、いまだに昔の気に入ったものに代わるドライバーに巡り合ってはいない。新しいクラブでプレーするということは、新しい靴を足になじませるのに似ている。しかし、新しいドライバーを探し当てることは、気に入った新しい靴を探すことよりもはるかに難しいことを実感している。

その愛用のドライバーを折ってしまったかなり前から、フィーリングの合うドライバーを探し求めていた。愛用のドライバーが、酷使に耐えて永久に使えるとは思っていなかったからだ。しかし、結局、愛用していたクラブに代わるドライバーに巡り合う幸運に遭遇することはなかった。

スウィングとシャフトの関係について

私がクラブについて言及する時には、いつも次のような質問を受ける。

「あなたのドライバーの重量はどの位か?」

「あなたのドライバーの長さはどの位か?」

昔のゴルフ指導理論では、背の低い人は短いクラブを、背の高い人は長いクラブを使った方がよいというものだった。しかし、今の理論では、その逆が正しいということになっている。

たとえば、スコットランドのプロであるボビー・クルックシャンクは背丈が5フィート（約一五三センチ）ちょっとしかなく、〝小さなスコットランド人〟と呼ばれていたが、44インチの長尺のドライバーを使っていた。

最近では、クラブ・メーカーがクラブの重量とシャフトの長さを標準化してきている。ドライバーの長さの標準は43インチである（訳者注・現在の標準は45インチ）。私のウッドの重量は、それぞれ14オンス（約三九七グラム）であるが、一般ゴルファーには、13¼（約三七六グラム）から13½（約三八三グラム）オンスがいいのではないかと思う。

ドライバー選びについて言えば、バックスウィングが小さいゴルファーは、コントロールするのがとても難しい軟らかいシャフトのドライバーを選ぶべきではない。そんなことをするのは、愚かなことと言える。年齢的に若くはなく、ゆったりとして大きなスウィングをするゴルファーは、クラブヘッドを感じることができるように軟らかいシャフトを使った方がいい。

クラブヘッドの重量はシャフトの硬軟と合わせて考える必要がある。クラブの重量とシャフトの軟らかさとの関係は大事である。もし、シャフトが硬く、重い場合には、スウィング中にクラブヘッドの重さを感じ取れるようにクラブヘッドを重くした方がいい。

逆に、シャフトが軽量で、かつ軟らかい場合には、クラブヘッドはそれほど重くなくてもいい。

ウッド・クラブの場合、クラブヘッドを変えてもそれほど問題は起きないが、シャフトを変えるとなると話は別だ。つまり、シャフトの重量と軟らかさは、千差万別であり、これらはスウィングに直接に影響するからだ。

インパクトを迎えるクラブヘッドの動きとシャフトのしなりについて、多くのゴルファーは誤解している。つまり、理想的なゴルフ・スウィングでのインパクト近辺でのクラブヘッドの位置は、シャフトに先行し、正面から見て〝く〟の字になっているということである。ほとんどのゴルファーは分解写真を実際に見るまで、クラブヘッドはシャフトの後方にあると思い込んでいる。

いつも使いなれたシャフトの軟らかさがちょっとでも変われば、スウィングはメチャクチャになってしまうのだ。

ロング・ヒッターは、軟らかいシャフトよりも硬いシャフトを好む。ただ、スウィングがよいゴルファーが必ずしもロング・ヒッターとはかぎらない。ウッド・クラブを選ぶ前に、自分のスウィングとシャフトの軟らかさとの関係について十分に考えることだ。

アイアンとパター選びの難しさ

アイアン・クラブは、精密機械のようなもので、〝フィーリングが合った〟クラブを探すのは必ずしも容易ではない。

例えば、オハイオ州クリーブランドのカンタベリー・カントリー・クラブで開催された一九四六年度ナショナル・オープン・チャンピオンシップ競技でのこと、私の9番アイアンが紛失したか、盗まれてしまった。しかし、それ以来これと同じくらいにフィーリングがしっくりくる9番アイアンには巡りあっていないのだ。

パッティングは、おそらくゴルフ・ゲームで最も標準化されていない部分であり、パッティングのスタイルも、またパターを選ぶにあたっても人それぞれである。

パターについては、他のクラブよりも奇妙な形のものがたくさん売られている。パッティングは、このように個人差があるので、パターを標準化すれば、パッティングが改善できるということを証明することは不可能だ。

パターについては、ボールにスクエアに構えることのできるものが好きだ。しかし、このようなパターを探すことは思ったよりも難しい。

実際、これまでの生涯で、気に入ったパターの本数は五本くらいしかない。ほとんどのパターは、よく調べてみるとフック・フェースとなっている。クラブ選びに関して私が口うるさい姑のように思われないために言っておくが、クラブのフィーリングについては、ボビー・ジョーンズの方が緻密であった。実際、彼が引退してすぐに、数々のすばらしい戦績を闘い抜いた彼が使っていたクラブの重心や慣性モーメント等を科学的に調べた結果、マッシー・ニブリック（今の8番アイアン）を除いて、完璧にマッチしていたとのことだ。このクラブセットはシャフトがヒッコリーで、彼が何年もかけて苦心して手に入れたものだ。

彼ボビー・ジョーンズは、この調査結果を知らされて次のようなコメントをしたとのことだ。

「いつも、マッシー・ニブリックが問題だったよ」

ショットに際してのクラブ選択は、どう決まるのか

さて、クラブ選びのポイントについてある程度の理解ができたところで、ショットに際してどのクラブを選択し、使用するかについて考えてみたい。

当然のことながら、クラブ選択はゴルファー個人の力量とある程度関係してくるが、いくつか参考となると思われることにつき言及したい。

ショットにあたってのクラブ選択は、打とうとするボールの高さと距離によって決まる。クラブのロフトが大きければ大きいほどストレート・ボールを打ちやすい。

難しいと思われるショットをする際のクラブの選択には、自信が大きく関係してくる。つまり、あるシ

ョットをするのに、本来使用すべきクラブに代えて、自分の得意なクラブで打つこともできるのだ。ただし、この場合は、本来使用すべきクラブと得意クラブのロフト角が近いということも必要だ。

ボールにアドレスをする際に、クラブヘッドのソール全体が地面についていることを確かめることが必要だ。さらに、クラブフェースのリーディングエッジが飛球線に対して直角になっていることを確認することだ。

正しいショットをするには、クラブヘッドのソール全体が地面についていて、しかもボールに対してゆったりと心地よく構えることだ。そうでないとスウィング全体のタイミングがずれてしまうか、インパクトでクラブフェースがグリップの中で回ってしまい、正しいインパクトができなくなってしまう。

クラブ選択にあたっては、これから打とうとする距離を考えることだ。もちろん、ウッドを使用するか、アイアンを使用するのかに関係なく、全く同じ距離でも、ゴルファーによって使用するクラブが違ってくるのは当然のことだ。使用クラブの選択は、ゴルファー個人個人の調整が関係してくる。したがって、どのクラブを使うかは、ゴルファー個人の力量に合わせて決まるものだ。

高い球を打つゴルファーもいれば、低い球を打つゴルファーもいる。高い球を打つゴルファーは、同じ距離を狙うにも低い球を打つゴルファーよりも、飛距離が出るクラブを使うことになる。

各クラブの私の飛距離

次の表は、各クラブについての私の飛距離を示したものである。もちろん、ゴルファーは各クラブについての自分なりの飛距離を知らなければならないが、読者の参考のために、私の各クラブの飛距離を標準、最大、最小に分けて示した。

	標準飛距離(ヤード)	最大飛距離(ヤード)	最小飛距離(ヤード)
ドライバー	265	300	235
ブラッシー(2番ウッド)	250	270	220
スプーン(3番ウッド)	235	250	210
バッフィー(4番ウッド)	220	230	200
1番アイアン	195	220	185
2番アイアン	185	210	175
3番アイアン	175	200	165
4番アイアン	165	190	155
5番アイアン	155	180	145
6番アイアン	145	170	135
7番アイアン	135	160	125
8番アイアン	125	150	115
9番アイアン	115	140	105
ピッチング・ウェッジ	50以内	105	アプローチ
サンド・ウェッジ	25	40	アプローチ

当然のことながら、最大飛距離、最小飛距離は気候条件によって変わってくる。したがって、上の表に示したものは、理想的な気候条件下でのものであって、霧などが立ち込めて空気が重たい状況では、各クラブで10ヤードくらい飛距離は落ちる。

飛距離に影響を及ぼすもう一つの要因は、フェアウェイの状態である。硬いフェアウェイであればランが多く、軟らかいフェアウェイではランが少ない。

サンド・ウェッジの価値について

初心者がバッグの中のクラブであまり使っていないクラブがあるとすれば、それはサンド・ウェッジだ。実際、初心者のほとんどは持っていないが、その価値が認識されていないことは別に不思議なことではない（訳者注・現在ではほとんどの人が持っている）。

一九四六年から四七年にかけて、アメリカのウィンター・ツアーに参戦した英国のプロのダイ・リースとチャーリー・ウォードでさえ、米国のプロがサンド・ウェッジを絶妙に操るのを見て驚いたという。彼らは、サンド・ウェッジの使い方を学んだことが米国でのツアーの最大の収穫だったと言っている。ダイ・リースとこのことについて話した時、彼は私に次のように言った。

「英国のプロのほとんどは、サンド・ウェッジは使わないよ。彼らは、その価値がわかっていないんだ」

しかし、サンド・ウェッジの価値を知らないなんて大変もったいない話だ。労を惜しまずにその使い方を学べば、クラブの中で最も有用な道具となり得るからだ。

しかし、初心者などは、間違った種類のサンド・ウェッジを購入してしまうことが多い。

初心者は、ソールの幅が広いタイプを選ぶべきだ。この種のサンド・ウェッジであれば、ヘッドが、インパクトで地面にあまりに深く突き刺さってしまうのを防いでくれるからだ。

平らな地面にサンド・ウェッジをセットした時に、ソールの後ろ部分で、クラブフェースのリーディングエッジが1/4インチ（約六ミリ）程度地面から浮くように角度をつけてアドレスするのが正しい。

ほとんどのゴルファーは、サンド・ウェッジがバンカーショット以外にも使い道があることを知らない。

たとえば、ピッチ・ショットをするのにうってつけのクラブだ。**サンド・ウェッジでピッチ・ショットを行う場合には、ボールの少し後ろを打つだけでよい。ロフトが大きくソールが広いことから、いわゆる〝ザックリ〟を防いでくれる。**そして、ボールを急上昇させ、的確な高さでグリーンを狙うことができるのだ。

サンド・ウェッジでの自分の最大飛距離がどの程度かを知るために実験してみるとよい。そうして、自分の最大飛距離をつかんだら、そこからグリーンまでのすべてのピッチ・ショットをサンド・ウェッジでやればよいのだ。

さらに、サンド・ウェッジは、ボールが落下した後にすぐに止めるのに理想的なクラブだ。使いこなすにはある程度の練習が必要だが、その価値は十分にある。サンド・ウェッジの使い方を身につけることは、とても効果があるのだ。

全米ゴルフ協会（USGA）は、クラブの本数は一四本までと制限しているが、ほとんどのプロが、全米ゴルフ協会主催の試合とマスターズ・トーナメントを除いて、一六本のクラブをゴルフバッグに入れている（訳者注：現在ではゴルフ規則により一四本の制限がある）。

本数制限のあるトーナメントに出場する場合、私はそのトーナメントに最も有用なクラブを選んで本数制限に対応する。

例えば、一九四七年のマスターズ・トーナメントでは、チップ兼用のニブリック（今の9番アイアン）をロッカーに入れ、その代わりにトーナメントが始まる前にサンド・ウェッジでのチップ・ショットの練習にかなりの時間をかけた。

バッグの中にあるすべてのクラブに精通すれば、もちろんあなたのゴルフ・ゲームは改善するし強化される。コースでいかなる状況に遭遇しようとも、各クラブの目的と使い方がわかっていれば、少なくともどのクラブを使うべきかに迷うことはないはずだ。

第三章　スタンスとバランス

正しいスタンスのとり方

上級ゴルファーのスウィング中のフットワークは、非常に素早く、また大変にスムーズなので、観察眼の鋭い人でなければ、ほとんどの人は自然に起こるものとして受けとってしまう。

上半身だけでも、ある程度よいゴルフをできるにはできるが、しかし、一流のゴルファーになるには、下半身を使ってよいフォームを身につけることが不可欠だ。

トップ・プレーヤーのフットワークをつぶさに観察すれば、すべてのショットでバランスが重要なことがわかるだろう。また、正しいフットワークがなければ、バランスがとれたスウィングを達成することは不可能ということもわかるだろう。

正しいスタンスは、単に両足の位置がどうあるべきかといった以上の問題である。ボールを打つための理想的なポジションをとった時、私は地面上の両足とクラブヘッドの三点を結んだ三脚をイメージする。

この三脚のイメージが、ボールにアドレスした時の体のポジションを言い表すのに最適な表現ではあるが、この表現が必ずしもすべて正しいというわけではない。つまり、三脚の場合は、地面に接した三点にウェートが均等にかかっているが、ゴルフの場合は、体重が両足に均等にかかっているのが理想だ。地面に接しているクラブヘッドには、体重はまったくかかっていない。**つまり体重は両足の拇指球からかかとにかけて乗っているのが正しいのだ。決してつま先に体重がかかっている感じをもってはいけない。理想的なアドレスを飛球線後方から見た場合の特徴は、臀部が突き出ていることである。しかし、同時にウエストから後頭部に至るまではまっすぐである。決して湾曲したり屈曲したりはしていない。**

両ひざは、常に柔軟にしておくことだ。さらに、両ひざはそれぞれ内側に柔らかく絞り込んでおくことだ。しかし、極端にやってはいけない。たとえば、両ひざがあたるようなX脚の感じになってはいけない。こうして正しいアドレスをとれば、しっかりした土台ができ、同時に両肩や腰、両腕がスムーズに動く感覚をもつことができる。つまり、完璧なバランスを阻害する要素は何もなく、常にスムーズなスウィングができることになる。

ほとんどの初心者は、正しいスタンスをとってボールにアドレスするのに時間をかけない。しっかりグリップをして、クラブを地面につけても、クラブのヘッドを強く地面に押し付けるようにしてアドレスしたりしてはいけない。

ゴルフには、強じんで柔軟な腕と手首が必要であると同時に、強じんで柔軟な脚力が必要だ。

初心者が犯しやすいもう一つの誤りは、アドレスでボールからあまりにも遠く離れて立ちすぎることだ。理想的なポジションは、ボールから離れて立つにしても上から見下ろすようなイメージをもってはいけない。すでに解説したようにウエストから上の背筋《せすじ》をまっすぐにすることで、ボールを上から見るイメージは避けられる。

ボールに対してゆったりと心地よく構えること

多くのゴルファーは、各クラブと両足の位置関係について混乱している。

私がスタンスについて話す時、必ずといっていいほど次の質問を受ける。

「両足の幅は、どのくらいにすればよいのですか」

私としては、この質問に対して、両足の幅は何インチといった具合に正確に答えることは難しい。なぜなら、個人差があるからだ。

実際、両足の幅については、一六通りある。つまり、クラブの数だけあるということだ（訳者注：現在のクラブの制限本数は一四本）。したがって、私としては、一般的なヒントを与えることはできても、この質問に対して正確な答えを与えることはできないのだ。つまり、試行錯誤によって自分なりに答えを見つけるほかはないのだ。

スタンスは、どんなショットの場合であれ、バランスがとれ、ゆったりとして、足元がしっかりとしたものでなければならない。つまり、地面にしっかりと固定され、しかしバックスウィングでスムーズに右脚に体重移動ができるようでなければならないのだ。

スタンスの基本型はスクエア・スタンス、クローズド・スタンス、そしてオープン・スタンスの三つである。あとは、ショットで使用するクラブに応じたバリエーションだ。

スクエア・スタンスは、飛球線に平行な仮想ラインから両足を等距離に置いて構えるスタンスだ。

オープン・スタンスは、飛球線に平行な仮想ラインから、左足を少し引いて構えるスタンスだ。クローズド・スタンスは、逆に、飛球線に平行な仮想ラインから右足を引いて構えるスタンスだ。

しかし、どのスタンスをとるにしても、ボールに対してゆったりと心地よく構えることだ。体重は両足に均等に配分し、それぞれの足には、拇指球からかかとにかけてウェイトがかかるようにすることだ。つま先寄りに体重がかかる感じではいけない。

両足のつま先を結んだ線が、飛球線に平行になるように構えることだ。両足のつま先は、いくらか外側を向くようにして、ショットによって両足の幅の広さを決めるようにしたい。

ここで、注意をしておきたいことがある。多くのゴルファーは、スタンスの幅を広く取り過ぎる傾向がある。これは間違いだ。

スタンスの幅が広すぎると、腰の両方向への回転が抑制されてしまうのだ。スタンスの幅を決める最善の方法は、5番アイアンでのスクエア・スタンスの場合、肩幅より少し狭めにして、それを基準にして、クラブに応じて自分なりに調整してゆくことだ。両足のつま先をいく分か外側に向けることで、スウィング中の体の回転がしやすくなる。

各クラブのスタンスについて

ショート・アイアンの両足の位置についての説明から始めることで、おそらく読者のみなさんは、両足の位置とクラブの関係についてわかってもらえると思う。アイアン・ショットの場合のスタンスの基本的な考え方は、1番、2番、3番とロフトがあるクラブになるにしたがって、スタンスの幅は狭くなり、またオープン・スタンスになるということだ。

5番アイアンは、ショート・アイアンとロング・アイアンの中間のクラブであり、ほとんどの上級ゴルファーは、ショート・アイアンから5番アイアンまでは、わずかなオープン・スタンスで構える。しかし、

4番、3番、2番、1番アイアンといったロング・アイアンでは、スタンスの幅は広がり、スクエア・スタンスとなる。

ショート・アイアンの場合、両足をほぼ揃えるような形となり、左足を飛球線と平行な仮想ラインからわずかに引いたいわゆるオープン・スタンスとなる。

左足のつま先はわずかに外側を向き、腰はわずかに目標方向を向く。体重は両足に均等にかけ、両ひざは柔軟にして、わずかに内側に絞り込むようにする。

これが、ショート・アイアンの場合のスタンスである。つまり、インパクトからフォロースルー、フィニッシュにかけて身体の左サイドを抜きやすくするためのスタンスである。ショート・アイアンのスウィングは小さいために、両手、両腕を振り抜くスペースをつくり出すのに十分な腰の回転をするのが不可能だからだ。

ロング・アイアン、フェアウェイ・ウッド、そしてドライバーの場合の私の好みのスタンスはクローズド・スタンスだ。特に、フェアウェイ・ウッドとドライバーの場合はそうだ。理由は、クローズド・スタンスの方が、両足で地面にしっかりと、またバランスよく立つことができるからだ。クローズド・スタンスは、フェアウェイ・ウッドやドライバーで最大限の飛距離を出そうとする時に必要とされるパワフルなインパクトを可能にしてくれるのだ。飛距離を出すには、体の重心がしっかりと地面に固定されていることが必要だ。

クローズド・スタンスを私が好むもう一つの理由は、体の回転がスムーズになるからだ。そうすれば、スウィング・アーク（スウィングの弧）も大きくなる。

両足のつま先は、わずかばかり外側に向けるといい。こうすることで、スウィング中にバランスを保つ

のに役立つと同時に、スムーズな体の回転を約束してくれる。

飛距離を出すちょっとしたコツ

ドライバー、フェアウェイ・ウッド、ロング・アイアンのショットをする時には、私は右足を使うことで更なる飛距離を出そうとしている。ある人は、私がティー・ショットをする時に右足親指を地面に埋め込む動作をすると言うが、この説明は的確ではない。私が地面に埋め込んでいるのは、右足親指ではないからだ。

ドライバー、フェアウェイ・ウッド、それにロング・アイアンのアドレスで、私は右足のゴルフ・シューズの靴底の内側のスパイクを地面に埋め込む動作をする。

こうすることで、しっかりとボールをヒットする感覚が得られ、結果的にインパクト近辺で右足で地面を強く押すことで、より大きな飛距離を出すことができるのだ。

でも、この右足を地面に押し込む動作は、地面にずっと固定されてしまうほどのものではないし、また、スウィング中の正しいフットワークや体重移動を妨げるようなものでもない。おそらく、読者のみなさんがこの微妙な動きを身につけるには、少々の時間が必要であろうが、これが飛距離を出すための私流のちょっとしたコツともいうべきものだ。

スタンスと両腕の関係についてみてみよう。左腕はまっすぐに伸びて、左ひじは硬直せず自然に伸びていることだ。左手のグリップが完成したら、左腕は自動的にクラブのシャフトの一部となる。

クラブのシャフトは、左肩から伸びた竿で手首が蝶番となっているイメージだ。右手をクラブに添えるには、右腕はリラックスし、右ひじは下を向いていることを確認することだ。

アドレスでは、右ひじは伸びてはいけない。右腕の力を抜き、右ひじを下に向けるためには、わずかばかり身体を右に傾ける。つまり、右肩を落として、腰がわずかばかり左に向くようにすることだ。

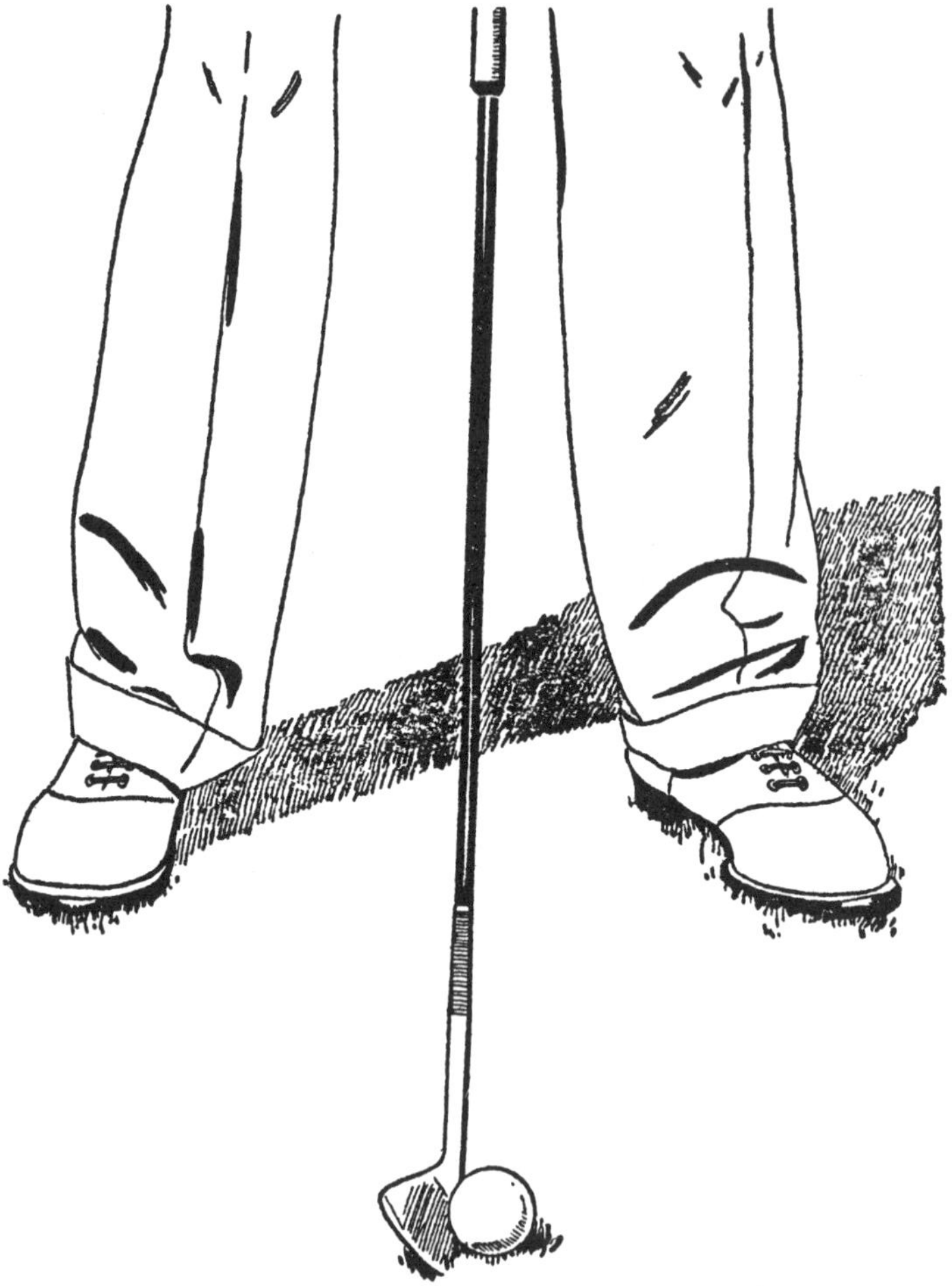

[両足の位置]
このイラストは、両足のそれぞれの位置関係を示したものだ。体重は両足に均等にかかり、体重は拇指球からかかとにかけてかかっている。決して、つま先にかかってはいない。両足のつま先はわずかに外側を向いている。

[スクエア・スタンス]
このイラストと次の二つのイラストでは、各スタンスでの両足と飛球線との関係を白線で示してある。このイラストはスクエア・スタンスを示すもので、両足は飛球線にスクエアである。ミドル・アイアンの5番アイアンのボールの位置は、左足かかとの2インチ（約5センチ）内側線上。

[オープン・スタンス]
左足が白線より後方に引かれ、右足はわずかに白線を越えている。ボールの位置は、両足のポジションとの関係では一定。オープン・スタンスをとることでフェードやスライスが出る。

［クローズド・スタンス］
右足が白線から後方に引かれ、左足はわずかに白線を越えている。ボールと両足の位置関係は一定。クローズド・スタンスをとることで、ドローやフックが出る。

[後方から見たオープン・スタンス]
このイラストはオープン・スタンスでの両足の位置の変化の度合いを示したものである。左足は、白線から半インチ後方に引かれ、右足は、白線から半インチ前方に出ている。つまり、両足の変化の度合いは左右合計で1インチ（約 2.5 センチ）である。

[後方から見たクローズド・スタンス]
左足は約半インチ、白線の前方に出て、一方、右足は半インチ、白線から後方に引かれている。合計1インチの変化である。これらの調整はほんのわずかなものであるが重要だ。体の向きが変わってくるからだ。

[9番アイアンのスタンス（オープン・スタンス）]
ロフトのあるクラブになるにしたがって、スタンスは徐々に狭まっていく。ボールの位置は、左のかかとの約2インチ内側の線上に置く。このイラストは、ボールと両足の位置関係が一定であることを一連のボールを用いて示したもの。

[後方から見た９番アイアンのスタンス（オープン・スタンス）]
このイラストから、ボールに構えた時のひざの柔らかさや曲げ具合がよくわかる。ボールの位置は、両手が通過できるだけのスペースを確保できる両足に近いところに置かれる。

[６番アイアンのスタンス]
スタンスは徐々にスクエア・スタンスとなるが、しかし、依然としてわずかなオープン・スタンスである。背筋が真っ直ぐであることに注目。決してウエストから前屈したりしてはいけない。身体は、腰から両肩にかけて立っている。体がボールの上に覆いかぶさるような感じを持ってはいけない。

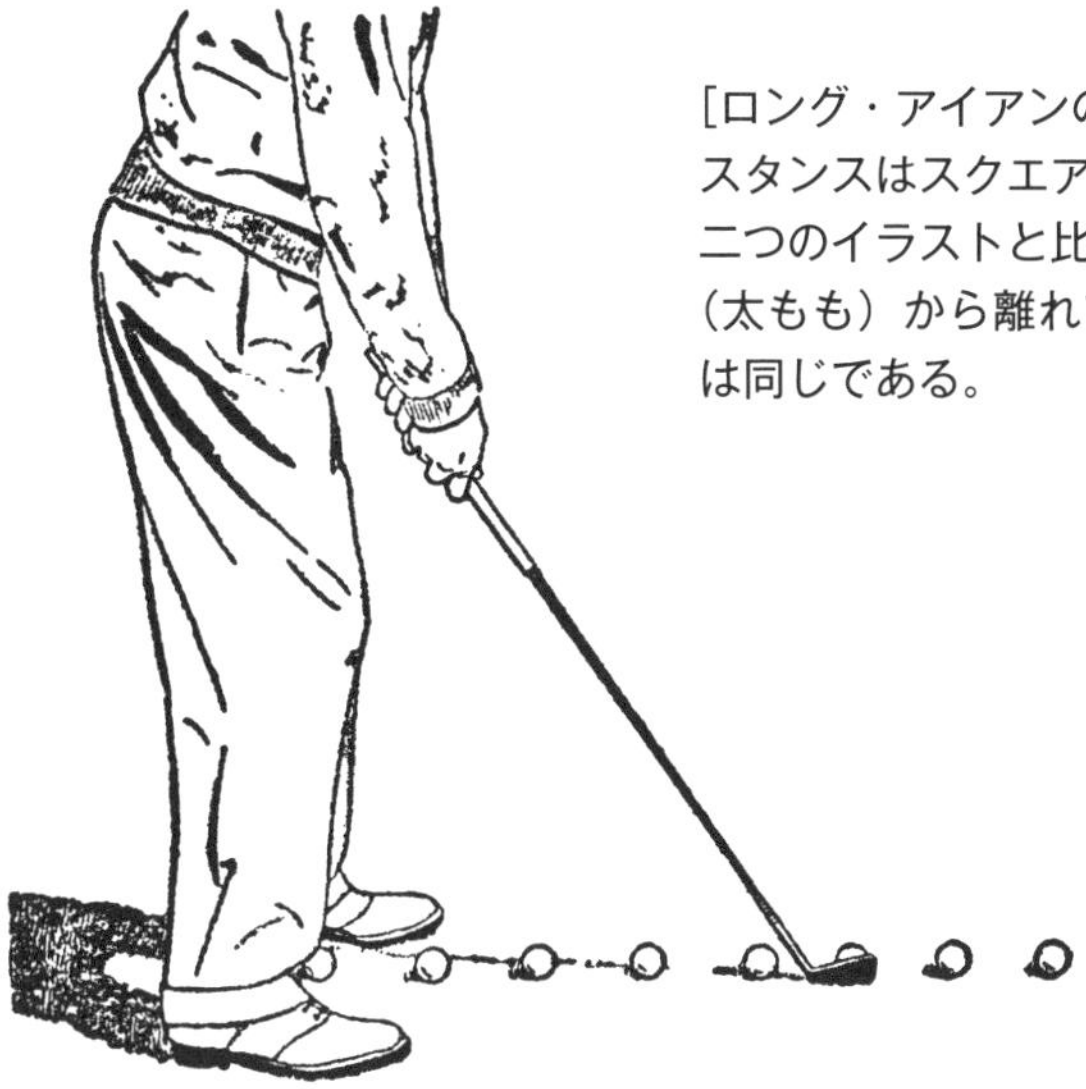

[ロング・アイアンのスタンス]
スタンスはスクエア・スタンスとなる。前の二つのイラストと比べて両手の位置が大腿部（太もも）から離れているが、体の構え自体は同じである。

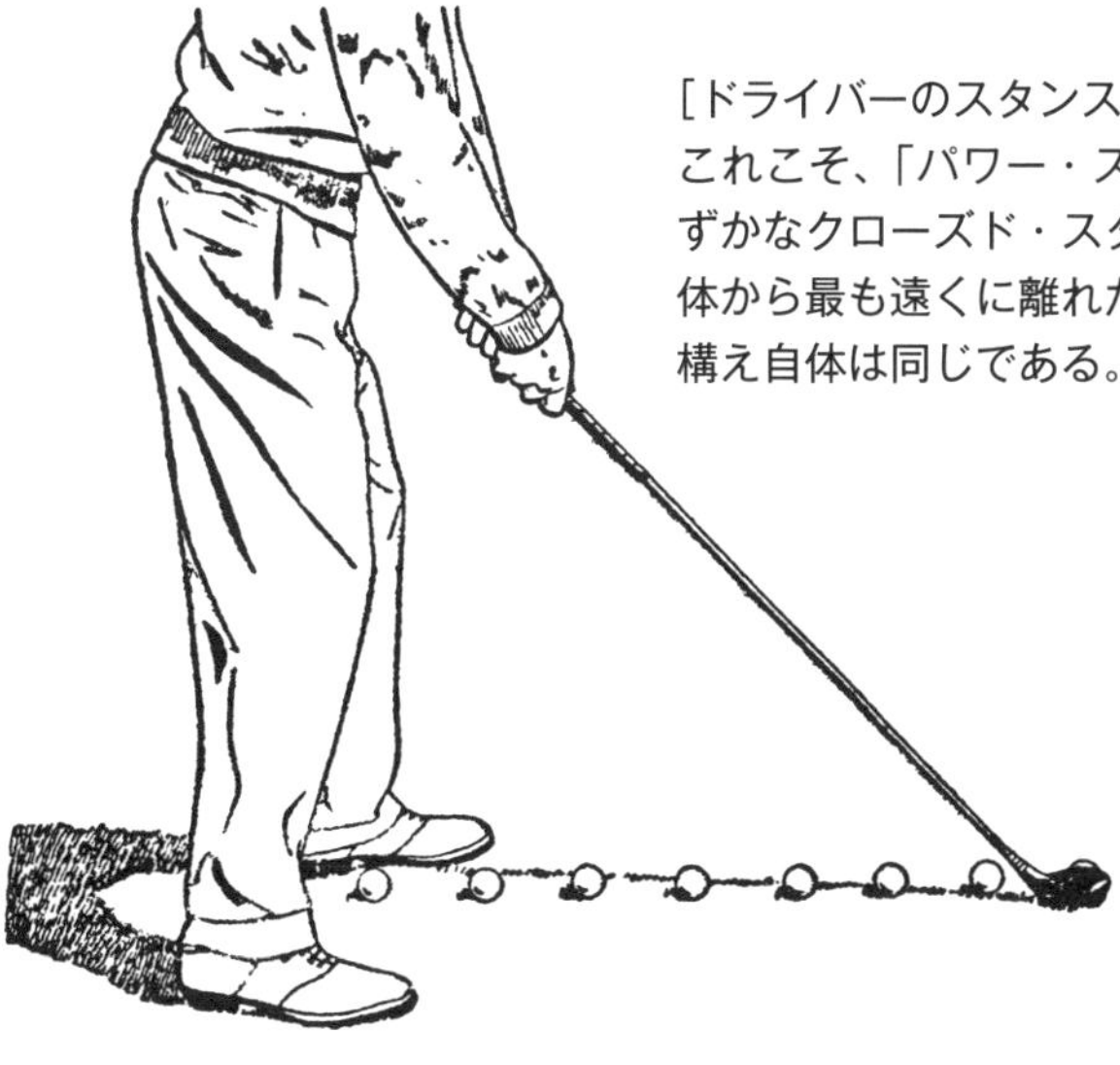

[ドライバーのスタンス]
これこそ、「パワー・スタンス」である。わずかなクローズド・スタンス。両手、両腕は体から最も遠くに離れた位置にあるが、体の構え自体は同じである。

[正面から見たドライバーのスタンス]
このイラストは、ボールの位置が左かかとの約２インチ内側で、どのクラブでも一定であることをわかりやすく示している。右足を平行に移動させることでスタンスの幅を広げ、またドライバーの長いシャフトと大きなスウィングに合わせるために、両足はボールから遠く離れた場所に置かれる。

[スタンスをとった時の正しい両ひじの位置]
スタンスをとった時の正しい両ひじの位置をチェックするための簡便法
アイアン・クラブを左ひじから右ひじの内側に通すことで、右腕が左腕よりも下方にあることを確認するものだ。

第四章　フルスウィング

バックスウィング

一般ゴルファーがゴルフ・スウィングを学ぶ過程で直面する二つの危機がある。いわゆる「ゴルフの十字路」と言われるものである。この十字路で誤った道を行ってしまうと前途には災難のみが待ち受けているのだ。

第一の危機は、バックスウィングの始動でクラブヘッドをボールから離す時に起こる。第二の危機は、ダウンスウィングを始動する時のバックスウィングのトップで起きるものである。これらの危機を順番に説明するにあたって、まずクラブヘッドをボールから離す、まさにその時に起きる第一の危機について考えてみよう。

第二の危機については、ダウンスウィングで起きるものだから、その項で解説していくことにする。

読者にゴルフ・スウィングをより理解してもらうために、この章では、フルスウィングに限定して解説してゆくこととする。つまり、ティー・ショット、フェアウェイ・ウッド、そして、ロング・アイアンでのショットについてのスウィングである。

バックスウィングの始動について

私がよく受ける質問の中に、バックスウィングをどのように始動したらよいかというものがある。しかし、私にそのような質問をしてくるゴルファーのほとんどは、私の答えを待たずに、自分の方から左手または右手、あるいは、左腕または右腕で始動するのがよいのではと言ってくるのだ。つまり、彼らはすでに自分の考えを持っていて、自分の考えが正しいかどうかを私に確認してほしいというのだ。でも、私にはそんなことはできない。

バックスウィングの始動は、彼らが言うようには行われない。**バックスウィングは、フォワード・プレスの反動による身体全体の巻き戻し（リコイル）によって始動するのだ。**

フォワード・プレスは、バックスウィングに入る直前に行われる両手、両腕そして体の前方への一体的な動きである。つまり、身体的な動きを伴ってボールにアドレスする、いわゆるトーナメント・プロが言うところの〝ワッグル〟をした後で、フォワード・プレスをして、その反動、巻き戻しによってスムーズにバックスウィングに入るのだ。

バックスウィングは、クラブヘッド、両手、両腕、そして両肩すべてが一体となって始動されなければならない。

それができれば、タイミングよく、主要な動きが同調したスウィングが保証されるというものだ。クラブは、地面低くに保つように引かれる。決して、意識的に両手でクラブをピックアップしようとしてはいけない。

バックスウィングが問題なく行われれば、クラブは弧（アーク）を描く。しかし、ここで忘れてならないことは、バックスウィングの動きとダウンスウィングの動きが、途切れのない一連の動きであるということだ。

私は、バックスウィングを正しく行うことに集中することで、どんなゴルファーでも、ある程度の成功を収めることができると確信している。

バックスウィングを正しく行わずして、正しいダウンスウィングは有り得ないのだ。バックスウィングの始動は、明らかな腰の回転運動を伴うものである。

バックスウィングでの、クラブフェースの向きは？

バックスウィングの始動で、クラブフェースがスクエアであるか、オープンかクローズドであるかについて、いろいろなことが言われてきているが、実際には、バックスウィングでクラブフェースはオープンでもクローズドでもない。**バックスウィング中のクラブフェースは、一貫してスクエアである。**

バックスウィングで両肩および両腕は、ハブを中心として回転運動をする。この場合、クラブフェースは開いているように見えるが、実際にはそうではない。

両手と両手首はどちら側にもロールなどせず、したがってバックスウィング中のクラブフェースはスクエアに保たれているのだ。

アドレスのポジションをとることで、このことをチェックできる。両腕、胴体を動かすことなく、両手首を親指側にコックして、クラブを持ち上げてみることだ。この手首のポジションこそ、スウィング中での唯一の両手首の動きである。この時のクラブフェースは、飛球線に対してスクエアに保たれている。

次に、両手首をコックした状態で、両手をトップの位置まで持って行けば、それが正しいトップ・スウィングのポジションとなる。この時のクラブフェースは、アドレスの時と同じく依然としてスクエアだ。グリップは、終始しっかりとしておくことだ。しかし、左手の最後の三本指に、よりプレッシャーがかかるようにすべきだ。

バックスウィングが四分の一程度いったところでも、まだ両手首はコックしてはいけない。どの時点でも意識的にコックすることはなく、バックスウィングが進むにつれて、自然かつ徐々になされるものだ。バックスウィングが進むにしたがって、左ひざが右ひざ側に折り込まれてゆく。左の足首は右足側に巻き込むような形で寄っていき、左かかとはわずかに地面から離れる。

腰がわずかに平行移動して、体重が右脚に移動する。胴体が捻転（コイリング）する。首を中心として、その周りを両腕、両肩が回転する車輪のハブをイメージするとよい。このようにイメージすることで、バックスウィングとダウンスウィングで完璧なクラブの軌道が約束される。

右脚は、バックスウィングで伸び切ることはない。アドレスと同じ状態が保たれていることが必要だ。左腕は真っ直ぐに伸び、左肩は顎の下にあり、フル・バックスウィングでは左肩がボールを指していることだ。

バックスウィングのトップでのグリップは、アドレスの時と同様にしっかりと握られていることが必要だ。グリップの緩みは、常にトラブルを誘発するものだ。特にバックスウィングのトップでは、グリップの緩みは禁物だ。この時点で、まさにダウンスウィングに入っていくからだ。

よいダウンスウィングは、よいバックスウィング次第であることを肝に銘じることだ。バックスウィングは、一連の滑らかな動きでなければならないし、また、すべての動きが正しく同調していなければならないのだ。

ダウンスウィング

ダウンスウィングの始動について

ダウンスウィングは、トップ・スウィングが終了した時点で始まると一般には言われている。しかし、これは正しいとは言えない。なぜなら、トップ・スウィングの終点というものはないからである。つまり、トップ・スウィングのポジションに到達するまでには、実際にはダウンスウィングはすでに始まっているのだ。まさに、この瞬間にこの章の冒頭で紹介した第二のゴルフの危機、つまり「ゴルフの十字路」に突きあたるというわけである。

ダウンスウィングの始動は、左の腰を左にターンすることによって行われるものだ。両手、両腕、両肩、そしてクラブのことは一切忘れて、左腰のリードによって腰のターンを始動させることだ。

腰を左にターンさせる時に、十分な平行移動が行われて体重が左足に移る。もちろん、この時に、体重を右足にかけたままにしておくという意識はもたないことだ。これは間違いだ。

左腰をターンすることでダウンスウィングを始動することによって、両手、両腕は助走を開始する。こうすることで、両手、両腕を使う前に、胴体には最大のスピードが生みだされる。

腰が回転することで、両手とクラブは、トップ・スウィングそのままの形でボールに向かって約3〜4フィート（約九〇〜一二〇センチ）落下する。その後にボールを打つ体勢に入り、両手、両腕、クラブを働かせる準備が整うことになる。両手、両腕、クラブがボールを打つのは、まさにこの時点であって、それ以前ではない。ダウンスウィングを腰の左への回転で始動することで、インサイドアウトにボールをヒットできる。バックスウィングのトップから両手、両肩を使ってダウンスウィングを始動したりすれば、アウトサイドインの軌道でボールを打たざるを得なくなり、大問題だ。

すでに述べたように、まさにこの時点が第二の「ゴルフの十字路」、つまり第二の危機である。ダウンスウィングを腰の回転で始動するという動きをマスターするのは、とても大事なことだ。なぜなら、これができるかどうかが、スコアが70台のゴルファーか90以上を叩くゴルファーかを決める分かれ道となるからだ。

腰が巻き戻され、体重は左足に移る。両肩は、腰の動きについていく。これが正しい。しかし、腰が両肩についていく誤った動きだと、クラブの軌道はアウトサイドインとなってしまう。

両手、両腕を使う直前に、体でボールを打つ体勢に入るのが正しい。つまり、左足に体重の90％が乗り、右腕が胴体にほぼくっついている状態である。

すべての緊張は、右脚と右腰によりリリースされる。そして、右ひざは左ひざに押し込まれる。

両手首のコックはほどかれ、右腕が伸びて、その後に左肩ごしに振り抜かれる。ダウンスウィングがすべてこの順序で行われることで、完璧なフィニッシュが約束される。

ダウンスウィングを正しく始動したならば、クラブヘッドは常にインサイドからボールに接近するので、インサイドアウトにボールを打つことになる。インサイドアウトの軌道は、ゴルフ・スウィングで重要であり、特にアイアン・ショットの場合にはそうである。

上級者と未熟なゴルファーの分かれ道

機会があったら、上級者が実際にボールを打っているのを見てみるとよい。ボールをヒットする前に身体がボールに向かって前方に推進しているように見えることに注目しよう。こうすることで、クラブはバックスウィングのアークのインサイドから入ってくることになるのだ。

未熟なゴルファーがダウンスウィングでよく犯す誤りは、バックスウィングが完全に終わらないうちに、ダウンスウィングを始動してしまうことだ。つまり、クラブヘッドがインパクト・エリアに到達する前に、右肩が突っ込み、上半身で打ち急ぐことになってしまう。これらの誤りによって、タイミングは狂ってしまい、最大飛距離など望むべくもないのだ。

ゴルフ・スウィングに最大のスピードと最大のパワーを与えるのは、打ち急ぎのプロセスではないのだ。スピードとパワーは、スウィングの過程で徐々に生み出され、インパクトに達するまで加速される。飛距離は、インパクトでのクラブヘッドのスピードによって決まるのだ。

いろいろな実験によれば、上級ゴルファーは、ハンド・アクションのスピードがインパクトの時点で最大になる。一方、未熟なゴルファーは、クラブがインパクトに近づくにつれてこのスピードが落ちてしまうというものだ。これは、バックスウィングかダウンスウィング、またはこの両方で打ち急ぎ、トップから打ちにいってしまうからだ。

上級ゴルファーは、すばらしいコントロールによって、インパクト直前でハンド・アクションのスピードを最大にすることができる。ダウンスウィングの間中、両腕は、両脇にほぼ密着し、右肩が下がる。両手首はアンコックされ、インパクトぎりぎりでまっすぐに伸びて、すさまじいパワーを生み出す。

左脚への体重移動は、腰の動きが正しく行われるのであれば、ほぼ自動的である。

頭と両肩は、スウィングの後方に残す。頭と首はスウィングのハブとして機能し、頭の位置はスウィング中不変である。

もちろん、両手はすさまじいスピードで動くが、ここで陥りやすい誤りは手首を飛球線側に折って、クラブヘッドを両手に先行させてしまうことである。そうするのではなく、前に解説した通り、手首をまっすぐに伸ばしてすべてのパワーを解き放つことだ。スウィングのフィニッシュについては、特に心配する必要はない。フィニッシュは、単にスウィングの基礎的な部分がどの程度首尾よく行われたかを結果的に示すにすぎないからだ。フルスウィングのすべての動きが止まった時、頭は飛球線に向く。目は、ボールの飛行を追う。体は、飛球線に正対し、体重のほとんどは左脚に乗っている。

多くの練習を積み重ねることによって、私がこれまで解説した動きのすべては、筋肉が記憶するようになり、さほど意識しなくとも、完璧なスウィングが達成されるのだ。こうすることで、ボールを打つことと眼前のショットに集中し、スウィングが生み出すパワーをフルに生かすことができるようになるはずだ。

［ドライバー・ショット：アドレス］
両足の幅は、肩幅。両足の親指は外側に向け、体重は拇指球からかかとにかけてかかる。両ひざは柔らかく内側に絞る。右腕はリラックスし、左腕よりも下方。左ひじは　左腰骨方向を指し、右ひじは右腰骨方向を指す。ドライバー・ショットはパワーを全開することが要求されるが、このイラストからは、まったく緊張感が感じられない構えであることに注目。

［ドライバー・ショット：バックスウィングの始動］
バックスウィングの始動では、腰、両肩、両腕、両手は同時に動く。こうすることで、クラブは地面低くに引かれ、最大の弧（アーク）が約束される。

[ドライバー・ショット：バックスウィング（1/3)]
ウエストライン近辺で両手首のコックが始まる。左ひざが右ひざ寄りに折れ始め、体重が右足に移動する。

［ドライバー・ショット：バックスウィング（2/3）］
左足首が、右足側に絞り込まれ始める。左ひざは、右ひざ側に折り込まれる。右ひざは依然として、アドレスと同じく柔軟に曲がっていることに注目。腰と両肩の捻転（コイリング）が続く。

［ドライバー・ショット：バックスウィング（3/3）］
両手首は、ほぼ最大にコックされている。右ひじは下方を指す。左腕はまっすぐに伸び、左肩は顎の下までターン。

[ドライバー・ショット：トップ]
トップで、左足首は最大限にロールされ、左ひざは最大限に右ひざ側に絞り込まれる。体重の約85%は、右足および右脚に乗っている。右ひざはアドレスの時と同じく柔軟性を保ち、また右脚はアドレスの時と同じ角度が保たれている。腰と両肩は、最大限に回転。左腕はまっすぐに伸び、頭はアドレスの時と同じ位置に保たれている。

［ドライバー・ショット：ダウンスウィングの始動］
腰が左へターンすることで、ダウンスウィングが始まる。両肩、両腕、両手のことは忘れること。ダウンスウィングは左ヒップの回転によって始動する。

［ドライバー・ショット：ダウンスウィング（1/4）］
腰は半分戻り、両肩の戻りは四分の一。腰、次いで両肩という順序での動きにより、両手はボールに対して約２フィート（約 60 センチ）下がる。

［ドライバー・ショット：ダウンスウィング（2/4）］
腰と両肩は、腰が先行する形で左へ旋回し続けると共に、両手、両腕をボールに向かって引っ張り続ける。両手首は、依然としてコックされていることに注目。右ひざは、左ひざ寄りに押し込まれる。体幹でパワーを生み出している。

［ドライバー・ショット：ダウンスウィング（3/4）］
この時点で、ダウンスウィングで可能な限りのパワーが作りだされ、両手、両腕がそのパワーを出し始める。両手首はアンコックを開始。飛距離を伸ばすための私流の方法で右足内側が地面に強く押し込まれる。

[ドライバー・ショット：ダウンスウィング（4/4)]
ボールを打つ体勢に入り、体重の85%は左足にかかる。右ひじは、右脇腹に引きつけられる。前のイラストで説明した右足内側の地面への押し込みはさらに顕著である。

［ドライバー・ショット：インパクト直前］
頭は依然として不動。右ひじは両手首のコックが全解するに連れて、まっすぐに伸びる態勢となる。左ひざは、アドレスの時と同じく柔軟性を保っている。パワーの力感に注目。

［ドライバー・ショット：インパクト］
両手首のコックが解き放たれる。右腕はまっすぐに伸びつつある。右ひざは、左ひざ寄りに最大限に押し込まれ、右半身は完全にリラックスしている。左ひざは伸び切ることなく、依然として柔軟性を保っている。

[ドライバー・ショット：フォロースルー（1/2）]
腰と両肩が回転し続ける。右肩が顎の下に入り、両手、両腕が完全に伸びる。

［ドライバー・ショット：フォロースルー（2/2）］
両手が返り、両肩と腰が最大限に回転しながら、左腕がたたみ込まれ、右腕はまっすぐに伸びる。

［ドライバー・ショット：フィニッシュ］
スピードとクラブの慣性によって完全なフィニッシュへ。

第五章　パワーの引き出し方

飛距離を伸ばすための身体能力の使い方

最近のゴルファーは、週末ゴルファーを含めて、飛距離に対する意識が強い。その証拠に、全米の行く先々で多くのゴルファーが、どうしたら飛距離を伸ばすことができるかを知りたがっている。

たとえゴルフをするための身体能力やパワーがあっても、多くのゴルファーはそれらを最大限に引き出す方法を知らないのだ。

いかに体が大きく、パワーがあっても、これらの使い方を知らなければ、何の意味もない。**飛距離というものは、身体能力とパワーをタイミングよく使うことによって得られるものだ。**

私は、初心者に対して、最初からできるだけボールを強くヒットするようにアドバイスしたい。しばらくの間は、ボールがどこに飛んでゆくかわからないかも知れない。これは当然のことだ。でも、スウィングを少し調整することで、次第にフックやスライスを直すことはできる。

しかし、ゴルフを始めた当初から、強打することを学ばないとなると、スウィングを大幅に変えない限り、将来にわたって、飛距離を伸ばすことはほぼ無理だ。なぜなら、スウィング・スピードとタイミングを全開することが、後からは難しくなってしまうからだ。

今日のトーナメント・プロは、常にバーディーを狙ってゆく。無理をしない範囲で、われわれトーナメント・プロはティー・ショットをできるだけ遠くに飛ばそうとする。当然のことだが、もし林やハザードにつかまってしまう恐れがあれば、強打することはしない。さらに、グリーンのピンの位置によっては、バーディーを狙うのを思いとどまる場合もある。いずれにせよ、ピンの位置がどこであろうが、できるだけ少ないストロークであがれるようにわれわれプロは努力する。

パワーの引き出し方についての詳細に入る前に一つ言っておきたいことがある。つまり、私はすべてのホールでパワー全開状態で強打することはしないということだ。あくまでも、状況を選んでやる。長いパー4や短いパー5のホールでは、バーディーを狙って、ティー・ショットを強打する。第二打でグリーンに向かってショットをするのに、ウッドを使わなくて済むようにしたいからだ。ほとんどのパー5のホールでは、ティー・ショットで十分な距離が出れば、パーより少ないスコアであがることができるチャンスは十分にある。つまり、もし可能であると思えば、ティー・ショットを強打して、第二打でグリーンをとらえるようにすることだ。

コントロールされたパワーを引き出す方法

われわれトーナメント・プロが、ショットにパワーとコントロールを生み出すために実践している、今までとは違うやり方について、みてみたい。まずグリップとスタンスについてみてみよう。グリップは、これまでよりもしっかりと握ること。しっかりとグリップすることで、きちんとボールをヒットすることができると同時に、クラブヘッドを完全にコントロールすることができる。

スタンスについては、これまでよりもかなり広め。スタンスを広めにとるのは、両足でしっかりと地面をつかめるようにするためだ。

こうすることで、完璧なバランスを保ちながら、両脚を通じて増幅されたパワーをスウィングに注入することができるのだ。

また、全身を使うことでスウィングに更なるパワーを生み出すことができる。

腰を左にターンすることでダウンスウィングを始動し、次いで両肩、そして最後に両手と両腕を働かせることでより強力なパワーを効率的に生み出すことができるのだ。

スウィングのトップから左への切り返しをできるだけすばやく行う際の体の動きは、ゴルフ・スウィングで重要な部分だ。いったん、スウィングを開始したら止めないこと。パワーを生み出したければ、動かし続けることだ。

もちろん、以上の解説は、主としてウッド・ショットについてあてはまるものであるが、アイアン・ショットの場合でも同じことで、パワーを引き出し飛距離を伸ばすための方法である。

二世代にわたって活躍しているジーン・サラゼンに、たまたま同じ組で回ることになった最近のトーナメントでの彼のプレー振りをほめると、彼は私に礼を言って、私が説明した変更点の重要さに納得して、次のように締めくくった。

「若い頃に今と同じ位にドライバーをうまく打てていたら、もっと勝てたと思うよ。全盛期の自分のティー・ショットはまったく不安定だった。その結果、今よりもスコアをまとめるのに相当苦労したよ」

ドライバーが安定した今、サラゼンのスコアが、昔とそれほど変わらないのは、彼が勝つことに対して以前ほどの執着心がないからだ。もし、そのような執念があれば、今でも彼はトーナメントに勝ち続けていると思う。

距離を出すためのウッド・ショット

ショットの中で最も大事なウッド・ショット

私は、ゴルフ・ショットはウッド、アイアン、パットの三部門に分けられると思う。そして各部門とも等しく重要だ。しかし、そのうちで最も重要なものと言えば、おそらくはウッド・ショットだろう。そのことについて、ゴルフをビリヤードのゲームにたとえて説明してみよう。

ビリヤードでは、プレーヤーは、常に次のショットのことを考えて突き玉をコントロールしなければならない。ゴルフでも同じことだ。つまりプレーヤーは、次のショットのためにティー・ショットをコントロールしなければならないのだ。

もし、ウッド・ショットが不安定であれば、世界一のアイアン・ショットの名手であることが必要かも知れないのだ。しかし、そのことを証明するチャンスは皆無と言っていいだろう。なぜなら、いつもラフやバンカーあるいは木の後ろからアイアン・ショットを打つ羽目になるからだ。

ティー・ショットがコントロールされていれば、アイアン・ショットの問題は格段に単純になる。そうなれば、ショート・ゲームやパッティングの問題も単純なものとなる。

ティー・ショットをコントロールできれば、〝守り〟のゴルフではなく、常に〝攻め〟のゴルフを展開できるからだ。

コントロールされたティー・ショットは、第二打をやさしくしてくれるので、思ったところに運べる。

第二打が単純化されれば、第三打、通常はパットであるが、これも比較的簡単になることは明らかだ。

ゴルフのインストラクターがよく受ける質問に、次のようなものがある。

「ウッド・ショットとアイアン・ショットのスウィングの主な違いは何ですか?」

この質問に対する回答は、私に関する限り、ウッド・ショット、アイアン・ショットだからといって意識的にスウィングを変えるところはないというものだ。

いったん、しっかりとしたスウィングを身につけてしまえば、クラブに関係なく、基本的な部分について意識的に変える必要はない。もちろん、厳密に言えば、スウィングによって違いはある。しかし、その違いは、わずかなものであり、スウィング全体からすればそんなに重要なものではない。実際、ゴルフ・スウィングは人それぞれではあるが、それでも基本にしたがってきちんとしたスウィングをしている人はいくらでもいる。

ウッド・クラブでは、スウィングが大きくなることから、その動きはアイアンよりもゆっくりしたものとなる。アイアンの場合は、スウィング・スピードは速くなる。しかし、基本的には、ウッドでもアイアンでもスウィングの基本は同じだ。ウッドの場合には、できるだけ遠くに飛ばそうとするし、アイアンの場合は、カップに沈めようとして、飛距離と正確さの双方が求められる。

ウッドでグリーンに乗せようとする時には、かなり小さなターゲットを狙うことを覚悟しなければならない。なぜなら、ボールをグリーンに届かせてグリーン上に止めることは至難の技だからだ。ウッドの場合、ボールはグリーンをとらえてもスピードが速く、バックスピンはほとんどかからないのだ。

しかし、だからと言ってウッド・ショットをコントロールする方法を学ぶ価値がないわけではない。ティー・ショットでのミスは、グリーン周りでのミスほどスコア・メーキングには大して影響がないと多くのゴルファーは思い込んでいるのではないだろうか。しかし、スコアを分析してみると、ティー・ショットでのミスは、スコアにかなり影響していることがわかるだろう。

スウィングに合ったドライバー選びの重要性

第二章「クラブの選び方のポイントとショットにあたってのクラブ選択」で、自分のスウィングに合った新しいドライバーを探し求めた私の経験について触れた。自分に合ったドライバーを使用することがいかに価値があるかは、セントルイスで開催された一九四七年度の全米オープン・ゴルフ選手権でのサム・スニードとルー・ワーシャムとのプレー・オフの一件が如実に物語っている。このプレーオフで、ワーシャムはサム・スニードに最終18番ホールで勝利したのだった。このマッチについて考えてみよう。

スニードは、この大試合でブラッシー（2番ウッド）でティー・ショットをすることにした。なぜなら、この試合に先立つ試合ではドライバーが不調だったからだ。実際、トーナメントではプレー・オフ前までのスニードのブラッシーは好調そのものだった。でも、全米オープンという大試合でドライバーに代えてブラッシーでティー・ショットをするという彼の賭けは、このプレー・オフで裏目に出たのだった。ブラッシーは、ドライバーよりもロフトがあるクラブだ。したがって、ボールはドライバーより高く上がる。ということは、風が吹けば、ドライバーよりも風の影響を受けやすいのだ。

この時のプレー・オフでは、スニードが大きくリードできると思っていた場面で、彼のティー・ショットは、ことごとくその思いを裏切ることとなった。例えば、5番ホールが終了した時点で、スニードは、ツー・ストロークのリードを保っていたが、6番ホールのティー・ショットをラフに打ち込んでいる。結局、このホールはパーがとれずに、リードを帳消しにする羽目になった。また、10番、11番、13番、15番、そして17番のそれぞれのスニードのティー・ショットは乱れに乱れた。つまり、スニードが、全米オープン選手権のタイトルを手にすることができなかったのは、まさにティー・ショットの不調にあったと思わざるを得ない。

特に、15番のティー・ショットのミスは、悲惨であった。その前のホールの14番まで、スニードはワン・ストローク、リードしていたのだ。しかし、15番のティー・ショットをラフに打ち込み、そのホールをボギーとして、リードを失ったのだった。17番ホールを終えた時点でのスニードとワーシャムはオール・イーブンであった。

しかし、最終的に18番ホールで、ワーシャムがワン・ストロークの差をつけてスニードを制したのだった。このリードは、ワーシャムにとって、このプレー・オフのラウンドでの初めてのリードであった。ワーシャムは、確かにロング・ヒッターではある。彼のティー・ショットはフェアウェイに落ちてからよく転がり、飛距離が出た。しかし、もし、スニードがこの全米オープンに間に合うように自分に合ったドライバーを探すことができていたとしたら、ワーシャムが、スニードをティー・ショットで常にアウト・ドライブできていたかどうかは疑問だ。

このスニード対ワーシャムのプレー・オフの教訓は、クラブ選びにあたって、自分のスウィングに合ったドライバーを選び、そのクラブでスウィングの精度を持続することができるように練習することがいかに大事であるかということだ。

ウッド・ショットの応用編

ウッド・ショットでは、飛距離とともに正確さと安定性にも集中することが必要だ。

まず、ウッド・ショットでのグリップについてだが、第四章「フルスウィング」の章で解説した握り方をする。スタンスは、ウッド・クラブに限らず、3番アイアンより長いクラブについては、ドライバーに至るまでわずかにクローズド・スタンスだ。クローズド・スタンスの方が体をしっかりと固定でき、バランスもよく、より強くヒットできるのだ。

つまり、飛距離を出すには、体がしっかりと固定されていなければならないのだ。

クローズド・スタンスを私が好むもう一つの理由は、体をよりスムーズに回転でき、大きなアークをつくり出すことができるからだ。また、**両足のつま先が若干外側を向くようにしてアドレスすることを忘れないでほしい。こうすることで、スウィング中にバランスを保てると同時に、飛距離を出すのに不可欠なスムーズなボディターンとフットワークが可能となる。**

ティー・ショット、フェアウェイ・ショット、あるいはロング・アイアンショットで思い切って距離を出したいと思う時は、第三章「スタンスとバランス」の章で解説したように、私は右足を使って少々特別なことをする。つまり、スウィング中に右足のゴルフ・シューズの内側縁のスパイクを地面に押し込む動作だ。こうすることで、クラブヘッドのスピードを加速することができるのだ。

当然ながら、もし、ウッド・クラブでスライスやフックを自在にコントロールして打つことができれば鬼に金棒だ。しかし、スライスやフックを打つのは、いわば応用編であり、一般ゴルファーのレベルを超えたある程度の繊細さと、スウィングのメカニズムについての理解が必要だ。

この応用編のウッド・ショットを習得するための第一ステップは、低いボールや高いボールを自在にコントロールして打ち分けることができるようにすることだ。これができれば、強風下でのプレーの強い味方となる。強風下での高いボールは、風の影響を受けてスコア・メーキングにとっては最悪である。風の中では、低弾道のショット、いわゆるテキサスで言うところの「うずら飛翔ショット」だ（うずらは高く飛ばずに、地面を這うように飛ぶ鳥であることから）。このショットはボールが風の中に突き刺すように飛び、普通のショットの場合よりも飛距離を稼ぐことができる。この低いボールを打つテクニックについては、第一〇章の「荒天下でのゴルフ」の強風の中でのショットのところで解説してある。

ブラッシー（2番ウッド）は基本的に、フェアウェイで使う最も長いクラブだが、ほとんどの場合、おそらく3番ウッドの方がよい結果が得られることが多い。一般的には、トーナメント・プロは3番ウッドを使う。彼らは余程のことがない限り、ブラッシーを使うことは稀だ。もちろん、フェアウェイの状態がよく、ボールが十分に浮いているような場合には、ブラッシーは最適なクラブだ。しかし、さらに言えば、フェアウェイの状態がよいとしても、ブラッシーに頼る前にドライバーでのティー・ショットをものにすることだ。

3番ウッドと4番ウッドのショット

3番ウッドと4番ウッドを使おうとする前に、いつ、どういう状態の時に使えばよいのかについてのイメージを持つことが必要だ。例えば、私の場合はフェアウェイからは3番ウッドを多用する。つまり、フェアウェイから、飛距離と正確さの双方を要求されるショットでは、通常、頼りになる3番ウッドを使う。しかし、ここ一番でかなりイチかバチかのショットをしなければならない場合には、4番ウッドを使うこともある。

飛距離が必要だが、ボールのライがあまりよくない場合にも4番ウッドを使う。また、ボールがバンカー内にあり、バンカーのあごがあまり高くなく、しかし、飛距離がほしい場合には、思い切って4番ウッドを使う。バンカーからの4番ウッドのショットでは、ボールを直接ヒットするようにすることだ。なお、ラフからの4番ウッドのショットは驚くほど距離が出る。その理由は、他のウッドクラブ同様、ヘッドの形状が〝こぶ状〟で、アイアンの場合と違ってヘッドが滑ってくれるからだ。アイアンの場合はどうしても芝を切る時にクラブヘッドのスピードが減速されることになる。ウッドの場合には、このようなことは起こらない。

ボールを上げるのに4番ウッドが大変に効果的である理由は、クラブフェースにかなりのロフトがあるからだ。たとえば、4番ウッドは、なんと3番アイアンよりも大きなロフトがあるのだ（訳者注・現在では、必ずしもそうではないようだ）。

[後方からみたドライバー・ショット：アドレス]
体重は両足に均等。スタンスはわずかにクローズド・スタンスで、両足のつま先は外側を向く。両ひざは柔軟性を保ち、腰から両肩にかけての体の線はほぼ真っ直ぐ。両腕は、ゆったりとしかも十分に伸びている。このイラストのアドレスには、緊張感はなく、両腕を無理にボールに届かせようという感じもない。

[後方からみたドライバー・ショット：バックスウィング（1/4)]
両手首を意識的にコックすることなく、腰、両肩、両腕、そして両手の捻転によってバックスウィングを始動。

[後方からみたドライバー・ショット：バックスウィング（2/4）]
胴体の捻転は続く。両腕と両手がフルに伸び、頭はバックスウィング、ダウンスウィングを通じて不動。

[後方からみたドライバー・ショット：バックスウィング（3/4）]
両手首がコックを開始。左ひざが右ひざに絞り込まれ、右ひざはアドレスの時と同様に柔軟性を保っている。右ひざは伸び切ることはない。つまり、バックスウィングで右ひざはまっすぐに伸び切ることはないのだ。

[後方からみたドライバー・ショット：バックスウィング（4/4）]
左肩があごの下に入り、左腕は伸び、右腕は最大限に折りたたまれている。
右ひじが外側に張り出すことなく、下方を指していることに注目。

[後方からみたドライバー・ショット：バックスウィングのトップ]
バックスウィングのトップで、グリップ・エンドから左腕を貫く延長線は、ボールを指す。つまり、スウィングがアップライトでもフラットでもない証拠。もし、この線がボールよりも上にある場合には、スウィングがフラットすぎるというもの。また逆に、この線がボールよりも下にある場合には、あまりにアップライトすぎるということだ。右ひざは、アドレスの時と同様、柔軟性を保ち、左かかとは、地面からわずかに離れる。

[後方からみたドライバー・ショット：ダウンスウィング（1/2）]
腰が先行し、肩の回転をリード。両手、両腕ともに、トップ・スウィングの位置のまま。腰が回転することでパワーとスピードが生まれる。

[後方からみたドライバー・ショット：ダウンスウィング（2/2)]
体幹によって、ダウンスウィングで両手、両腕がボールに向かって引っ張り込まれる。それに加えて、トップからスウィングが開始され、初期のスピードが生み出される。両手、両腕は、ボールを打つ態勢に入る。

［後方からみたドライバー・ショット：インパクト直前］
両手首のアンコックがタイミングよく行われ、インパクト直前にクラブヘッドのスピードが加速される。右脚は完全にリラックスした状態。

[後方からみたドライバー・ショット：フォロースルー（1/3）]
ボールを打った後も、腰は回転し続ける。左腰は、両手、両腕が最大限のスピードで通過できるだけの十分なスペースを確保できるように左に開く。両腕の関係は、アドレス時と同じ。

[後方からみたドライバー・ショット：フォロースルー（2/3）]
右腕が最大限に伸びて、両腕は最大限に伸ばされる。右肩はあごの下を回転する。

[後方からみたドライバー・ショット：フォロースルー（3/3）]
左腕は、十分に折りたたまれ、左ひじは張り出すことなく、地面を指す。右腕は、依然としてまっすぐに伸びている。いわば、この形はバックスウィングと丁度逆の形である。バックスウィングでは、左腕が伸び、右腕は右ひじが下方を指すように折りたたまれている。

[後方からみたドライバー・ショット：フィニッシュ]
両手首は、回内運動を完了。左腕は左ひじが下方を指すようにして最大限に折りたたまれる。なお、フィニッシュでは体重の95%が左足の外側に乗っている。右半身は完全にリラックスしている。

[フェアウェイ・ウッド：トップ・スウィング]
このイラストは、飛距離を出すためには、トップ・スウィングでボディ・アクションを先行させることの重要性を強調している。左手はまっすぐに伸び、あごは左肩に接し、両ひざは柔軟にたわみ、左足の外側が地面からわずかに離れて体重が右足に移動。窮屈な感じはない。このイラストから柔軟さ、滑らかさは明らかだ。体からダウンスウィングを開始し、スピードを加速する前に、右ひざは、アドレスの時と同様に柔軟にしておく必要がある。決して、右ひざが硬直してはいけない。

[フェアウェイ・ウッド：ダウンスウィング（1/3）]
左腰が左へ回転。右足から左足への体重移動にあたって、十分な平行移動が行われる。両肩、両腕、両手は、後方に残したままにしておき、背筋と体側筋で両肩、両腕、両手を両ヒップの回転につけてゆくことだ。

[フェアウェイ・ウッド：ダウンスウィング（2/3）]
左腰の回転は両肩の動きに先行する。両腕はトップ・スウィングの時の形と同じに保たれている。両手がほぼウエストラインに達しても、両手首は未だ完全にコックされたままの状態。

[フェアウェイ・ウッド：ダウンスウィング（3/3)]
ボールを打つ態勢。腰の回転は続く。両肩は、両ヒップの動きに遅れる。この関係はフィニッシュまで続く。左手がほぼボールに達した時に、両手首は、アンコックを開始。右ひざは内側に絞り込まれる。本文で解説したように、右足内側の押し込み動作が明白。

第六章　正確さが必要なアイアン・ショット

ウッド・ショットとアイアン・ショットの違いとは

　ほとんどのゴルファーは、自尊心を傷つけられないようにと、ドライバー・ショットとパッティングの練習はある程度はするが、アイアンについては調子が悪くても大して気にせず、そのまま放っておく。しかし、アイアン・ショットは、まっすぐなティー・ショットを打ったり、正確にパットする技量に劣らず大変に重要だ。なぜなら、アイアン・ショットは正確さが要求されるからだ。

　別に私は、ウッド・ショットは正確である必要がないなどと言っているのではない。ウッド・ショットが正確であることは大事なことだ。ただ、アイアン・ショットの方がウッド・ショットに比べて、ミスの許容範囲が狭いということだ。

　また、アイアン・ショットは「攻め」のためのショットだ。つまり、アイアン・ショットがよくなければ、安定して好スコアを出すことは不可能だ。アイアン・ショットがよくなくても、好スコアがでることはあるにしても、そういう時はいつでも、信じられないようなすばらしいパッティングによって救われているものだ。アイアンでのミスをパッティングでカバーすることはたまにはあるにせよ、長い目で見れば、続くものではない。パターがうまいことそれ自体はすばらしいことだが、アイアンの不調を永久に埋め合わせることはできない。

優秀なゴルファーは、できるだけ早く自分で状況をコントロールできるように、最初から積極的に「攻め」のゴルフを展開するものだ。

一方、アイアン・ショットに問題があるゴルファーは、ただちに「守り」のゴルフとなり、できるだけミスを避けようとして、藁にもすがる思いでショート・ゲームに頼って、何とかスコアをまとめようとする。

アイアン・ショットは、ウッド・ショットよりも難しいと言える。その理由は、フェースでしっかりとボールをとらえて、ウッド・ショットにはないキレのあるインパクトをする必要があるからだ。

アイアン・ショットとウッド・ショットとの間に大きな違いがあるとすれば、ウッド・ショットがティーやターフを掃くようにスウィングするのに対して、アイアン・ショットはキレのよい鋭いスウィングということだ。アイアン・クラブのシャフトは、ウッドに比べて短いので、アイアンのスウィングはウッドの場合よりも小さくなる。また、**アイアン・ショットの場合は、ボディ・アクションと両手を相当に加速させて、ダウンスウィングでボールをとらえる必要があるのだ。**要約すれば、アイアン・ショットで気をつけることは、スタンスとスウィングの大きさの二つだけだ。

アイアン・ショットの秘訣

当然、それぞれのアイアン・クラブによってスタンスは変わる。要は、ロフトが多いアイアンになればなるほど、スタンスの幅は狭くなり、オープンになるということを覚えておくことだ。スタンスについては、すでに第三章「スタンスとバランス」で詳細に解説してあるので、ここではあえて説明はしない。

アイアンの場合、スウィングは自動的にウッドの場合よりもアップライトになる。シャフトの長さがウッドよりも短いからだ。また、スウィングの大きさもシャフトの長さに応じて変わる。たとえば、1番アイアンのスウィングは、9番アイアンよりも大きくなるという具合である。

アイアン・ショットでは、方向と距離の判断に細心の注意を払うことが重要だ。また、4番アイアンから9番アイアンまでの各アイアンについて、自分の最大飛距離、標準飛距離、最小飛距離を知っておくことだ。特に、6番以降のアイアンについては、状況に応じて、最大飛距離、標準飛距離、最小飛距離を打ち分けることが必要である。

アイアンの場合、スウィングの大きさの限界を知っておくことが重要だ。その理由は、たとえば、ドライバーと同じように大きなバックスウィングをしたりすれば、スウェーを誘発してしまうことになるからだ。

アイアンでは、バックスウィングでの両手首のコックは、ウッドの場合よりもかなり早い段階でなされる。つまり、こうすることで、ボールをヒット・ダウンして打ち抜くことができるのだ。

また、そのためには、体重をウッドの場合よりも素早く左サイドに移動することだ。こうすることで、スウィングの最下点がボールの先にきて、ボールをヒット・ダウンし、結果的にボールの手前ではなくボールの先のターフが削り取られるという具合だ。

少々、話が横道にそれることにはなるが、私はよく次のような質問を受ける。

「プロが、アイアン・ショットをするとインパクト後にボールの先のターフを削り取るのに対して、どうして初心者は、ボールの手前のターフを削りとってしまうのでしょうか？」

もちろん、個人のスウィングを実際に見ないことには、この質問に正確かつ完璧に答えることは難しい。

しかし、一般論で言えば、初心者は体重のほとんどを右足にかけてアドレスし、バックスウィングでさらに残りの体重を右足に移してしまい、ダウンスウィングで左足への正しい体重移動ができないからだと思う。その結果、いつもボールの手前のターフを削り取る羽目になってしまうのだ。

ドライバー・ショットの場合と同じように、トップ・スウィングで左足に体重を移すことが必要だ。しかも、ウッド・クラブの場合よりも、この体重移動を意識的に素早くやることだ。こうすることで、スウィングの最下点がボールの先に来て、ボールをヒット・ダウンできるのだ。そして、ボールの先のターフを削り取ることになる。

アイアン・ショットでのバックスピンの重要性

ウッド・クラブと同様、バックスウィングの始動はクラブヘッド、両手、両肩が一体となって行われる。この時、腰は、ほんのわずかに平行移動する。また、バックスウィングは、一連のリズミカルな動きであることも忘れないことだ。

ロング・アイアンの場合のダウンスウィングの始動は、左腰の左方向への回転(ターン)である。これは、ウッドの場合と同じことだ。腰が左方向へ回転する際には十分な平行移動が起きて、左足に体重が移動する。

アイアン・ショットの場合、ヒット・ダウンすることは大事なことだ。パターとドライバーを除き、すべてのショットはヒット・ダウンすることだ。

アイアン・ショットでヒット・ダウンすることが、なぜそれほど大事なのかというと、バックスピンをかけながら、しかもボールをスクエアにヒットする唯一の方法だからだ。

また、アイアンは、他のショットに比べて特にバックスピンをかける必要がある。なぜなら、アイアン・ショットにとってボールをコントロールすることは他のどのクラブでのショットよりも重要だからだ。これまでバックスピンについてはいろいろと書かれ、議論されてきた。

一時期、相当な議論があったが、私に言わせれば、ボールの頭を叩いてしまうトップショットの場合はおそらく別として、オーバースピンがかかったショットなどはないのだ。つまり、ボールを空中に上げるには、バックスピンが必要となる。バックスピンがなければ、ボールは空中に上がらない。

グリーンに乗っても、すぐに止まらずにかなり転がっていってしまうことがよくある。これは、ボールにオーバースピンがかかっていたからだと読者のみなさんは思うだろう。しかし、私はそうは考えない。正しい説明は、バックスピンの量が少なかったというものだ。

ボールに最大のバックスピンをかけて打つことも、最小のバックスピンをかけて打つことも、また、この間でバックスピンの量を調整して打つこともできる。どの程度のバックスピンをかけて打つかはゴルファーが直面している状況次第だ。

例えば、ティー・ショットでは、バックスピンの量が最小であることが求められる。ティー・ショットは飛距離が出れば出るほどよい。特にまっすぐに飛んで、トラブルを避けることができれば尚更のことだ。

一方、グリーンを狙うショットは、最大のバックスピンの量が要求される。そうでないと、グリーンをとらえることはできないからだ。

ほとんどのアイアン・ショットでは、効率よく最大のバックスピンをかける必要がある。そうでないと飛距離も方向性も、さらにボールの高さもコントロールすることはできないのだ。

バックスピンはダウンブローでクラブのフェースをまずボールにコンタクトさせ、その後でボールの先の芝を削りとる打ち方で生み出すことができる。

また、インパクトでのキレというものも必要だ。つまり、両手でボールを強くヒットすることだ。ボールを推進させるようにして、クラブのロフトにまかせて打つことだ。こうすることで、クラブのロフトが必要な高さを約束してくれる。

もちろん、ソフトなショットを要求される場面もある。いわゆるロブ・ショットと言われるもので、ゆっくりとしたハンド・アクションと体の動きでスウィングするショットのことだ。この種のショットは、グリーン周りでボールを高く上げなければならない場合にのみ使われるものだ。

バックスピンと飛距離

時として、グリーンを狙う際に、バックスピンをかけることが不可能で、しかしながら、グリーンに届かせるにはかなりの距離がある状況に遭遇することがある。このような場合には、たとえグリーンに届いたとしても、ボールをグリーンに止めることは難しい。なぜなら、飛距離のためにバックスピンを犠牲にせざるを得ないことになるからだ。

ボールに最も広範囲にバックスピンを生み出すクラブは、5番アイアンだ。どうしてそうなのかは、私にはわからないが、テストした結果判明した事実だ。たとえば、9番アイアンは5番アイアンのように強くは打たない。しかし、ロフトやパワー、それにボールの飛び方を考慮すれば、なるほど5番アイアンが最も広範囲にバックスピンをかけてコントロールすることのできるクラブだ。

1番アイアン、別名ドライビング・アイアンは、マスターするのが最も難しいクラブだ。このアイアンで最大の結果を得るためには、どのクラブよりもパワーが必要だ。また、ロフトが非常に少ないことから、ボールをコントロールして空中に上げるように努力しなければならないと同時に、できるだけ強打しなければならない。つまり、1番アイアンは、二つの課題を抱えているクラブなのだ。この課題を達成するためには、ボールの先にスウィングのアーク（弧）の最下点が来るようにしなければならない。

これは当然のことと言える。つまり、ボールをスクエアにヒットし、同時にコントロールに不可欠なバックスピンをかけなければならないからだ。いずれにしても、アイアン・ショットのコントロールには、かなりのバックスピンが必要であることを再度強調しておきたい。

南アフリカ出身のプロであるボビー・ロックを含め、英国派と言われるゴルファーのほとんどは、米国のプロほど、グリーンを狙うコントロール・ショットを多用しない。その理由は英国派のゴルファーは、これまで説明してきたバックスピンをあまり使わないからだ。われわれ米国派のプロは、コントロールされた低弾道のショットでグリーンを狙う。一方、英国派のプロは、高弾道のロブ・ショットでグリーンを狙うのを好む。

米国を訪れた英国のプロから聞いた話だが、われわれ米国のプロの方がアイアンの練習量が多いということだ。だから、われわれ米国のプロは、コントロールされたキレのよいアイアン・ショットを打てるのだ。

チップ・ショットとピッチ・ショット

初心者にとって紛らわしいのは、チップ・ショットとピッチ・ショットの区別である。グリーンから20

ヤード以内のショットはチップ・ショットと私流に言えば、おそらくわかってくれるのではないだろうか。したがって、グリーンから20ヤードを超える場合のショットはピッチ・ショットだ。

少なくとも体の使い方についてのこの二つのショットの大きな違いは、ピッチ・ショットの場合は、ある程度体を使うのに対して、チップ・ショットの場合はまったく使う必要がないということだ。このことは、知っておく必要がある。

チップ・ショットの打ち方

この二つのショットでは使用するクラブも異なる。チップ・ショットの場合に、4番アイアンより長いクラブは決して使わないことだ。1番アイアン、2番アイアン、3番アイアンはロフトが少ないのでチップ・ショットには適していない。これらのアイアンよりもロフトが多いクラブを使用する理由は、チップ・ショットはソフトに打つ必要があるので、ロフトの少ないクラブではボールを上げるのが難しいからだ。

事実、チップ・ショットでもっともみられる誤りは、十分にロフトのあるクラブを選択しないことだ。たとえば、私の場合は6番よりロフトの少ないクラブはほとんど使わない。

いずれにせよ、ボールがずっと転がってしまうようなミスを犯してはいけない。転がり部分を計算することだ。でも、あまり見すぎてもいけない。たとえば、7番アイアンでのチップ・ショットの場合、約15ヤードがチップで、ほぼ同じ15ヤードの転がりを見ることだ。

チップ・ショットの場合、私は上りのパットが残るようにする。下りのパットはできれば残したくない。下りのパットはミスすると、ほぼ同じくらいの距離の返しのパットをしなければならない羽目になることがよくあるからだ。だから、チップ・ショットをする前に、私はグリーンを注意深くチェックすることにしている。

チップ・ショットではボールを両足の近くに置く。前に解説した三脚をイメージするとよい。

バックスウィングは両手のみで行い、右ひじは右腰骨に付けて、両手、両腕、クラブの回転軸となるようにすることだ。この回転軸を正しくセットできれば、ミスが少なくなり、クラブはボールにアドレスした場所に正しく戻ってくる。

チップ・ショットのアドレスは、かなりのオープン・スタンスとなり、体の回転は四分の一ほどであることに留意することだ。体重は左足にかける。そうすることで、スウィングの最下点がボールの先に来て、ボールをまずヒットし、その後でターフを削り取る打ち方ができるのだ。もし、体重を両足に均等、または右足寄りにかけたりすれば、ボールの手前を打つか、ハーフトップをするかのミスを犯すことになる。

クラブのロフトにまかせて、ボールを上げることだ。決して、体や手でボールを上げようとしてはいけない。もし、もっと高さがほしいのであれば、もっとロフトがあるクラブを選択すればいい。でも、ボールの下にスウィングしたりはしないことだ。

なお、両手はシャフトと一緒に動くようにすることだ。クラブヘッドをもち上げるようなことをしてはいけない。クラブヘッドはフィニッシュまで地面低くに保つようにしたい。

アドレスで両手は十分にハンド・ファーストとし、この状態を保つ。つまり、両手の位置をクラブヘッドの前にして、この状態をスウィングの間中、保つようにすることだ。

ピッチ・ショットの種類と打ち方

ピッチ・ショットには、いろいろな種類がある。プレーヤーによっては、ボールを上げる打ち方をするものもいれば、低く打ってバックスピンをかける打ち方をするものもいる。

例えば、南アフリカ出身のボビー・ロックは、米国のプロよりも高い弾道のピッチ・ショットをするが、われわれ米国のプロはバックスピンのかかった低い弾道のピッチ・ショットを好む。高弾道でグリーンに乗せるには、十分にロフトのあるクラブを選択することだ。クラブフェースをオープンにして、ボールの位置はいつもよりも前の方、つまり左足寄りに置く。強打することなく、ゆったりとしたスウィングをして、ターフはほとんどとらない。

なお、バックスピンがかかった低弾道でのピッチ・ショットは、ロブ・ショットの場合と同じクラブを使ってもよいが、ボールの位置はロブ・ショットの場合とは異なる。つまり、ボールの位置は右足寄りに置く。

両手は、クラブヘッドの前方、いわゆるハンド・ファーストであり、バックスウィングでは、両手首を素早くコックする。スウィングは小さく、ボールを強く打ちこむようにする。

そして、ボールをヒットした後でも、ハンド・ファーストの状態を保つことだ。体重のほとんどは左足寄りにかかっている。

サンド・ウェッジでピッチ・ショットができることを初心者は知らないことが多いようだ。プロが使う重さのあるサンド・ウェッジは、ピッチ・ショットにぴったりのクラブだ。このクラブについては第八章「バンカー・ショットはやさしい」で詳細に説明してある。

初心者のほとんどが、ピッチ・ショットでサンド・ウェッジを使えない理由の一つは、躊躇しながらショットをするからだ。

しかし、サンド・ウェッジは、この種のショットをやるには理想的なクラブだ。ロフトが十分にあり、ソールがいわゆる〝ザックリ〟を防いでくれる。正しくショットすれば、ボールは急上昇してグリーンに乗る。

サンド・ウェッジでの自分の最大飛距離がどの程度かを見極めるには、ちょっとした実験をしてみるといい。その上で、自分の最大飛距離のところからグリーンを狙うピッチ・ショットのすべてをサンド・ウェッジでやってみることをおすすめしたい。

なお、ピッチ・ショットを8番、9番アイアンで行うこともできる。だから、この二本はスコアを縮める上で大変に重要なクラブだ。

ピッチ・ショットでは、ボールをヒット・ダウンすることだ。バックスピンをかけてボールをコントロールするためには、ヒット・ダウンすることが必要だ。きちんとしたバックスピンがかかれば、ボールはグリーンに落ちてからすぐに止まる。

トーナメント・ゴルファーがピッチ・ショットをするのをじっくりと観察してみるとよい。正しい高さのボールを打つために、クラブのロフトにまかせていることに気がつくだろう。彼らは、間違った手の使い方をして、ボールを無理に上げようとしたり、ピックアップしようとしたりはしない。

このショットのアドレスは、両足はほぼ揃えるようにして、右足を飛球線方向に向けたわずかなオープン・スタンスだ。すべてのショットについて言えることだが、ダウンスウィングを急いで始動しないことだ。また、体の動きはあまりない。

なお、このショットの特徴は、インパクトでの顕著なハンド・アクションだ。事実、両手、両腕ともに積極的に使うが、決してボールをすくい上げるような動作ではない。

そして、忘れてはならないもう一つは、クラブヘッドを飛球線に沿って振り抜いてゆくことだ。

応用編

ラウンド中に、林や岩や構築物などの障害物を避けなければならない状況に遭遇することがよくある。そのような障害物を避けるためにスライスやフックを打つ必要に迫られる。

多くのゴルファーは、ストレート・ボールを打とうとして、スライスやフックに悩まされるものだが、状況に応じてそれらを打ち分けられるようにならなければ完成されたゴルファーとは言えない。スライスやフックを打つためのグリップについては、第一章「ホーガン流グリップの進化」で、また、スタンスについては、第三章「スタンスとバランス」ですでに解説してある。

スライスを打つ場合のボールの位置は普通でよい。だが、クラブフェースとスタンスはかなりオープンにする。両手首をロールしたり、回内（内側に回すこと）したりはせずに、スウィング中、クラブフェースは常にオープンであることを確認することだ。また、障害物を避けるのに必要な曲がり具合を計算して、左を狙うようにしたい。

フックを打つ場合は、スライスの場合とは逆で、スタンスはクローズドで右を狙う。アドレスでは、フェースをかぶせておく。ダウンスウィングでクラブがボールに接近するにしたがって、両手が左へロール・オーバー、つまり回内する。スライスを打つ場合も、フックを打つ場合も、アイアン・ショットでは、ダウンスウィングでボールをヒットし、ターフはボールを打ち終えた後で削り取られる。

フックあるいは、スライスでボールがカーブするのは、クラブヘッドがボールに当たる角度によって生み出されるスピンによるものだ。フックやスライスは障害物を避けるのに極めて価値のあるものではあるが、同時に、これらのショットを意図的に打つ方法を修得するための知識を得ることそれ自体にも価値があると言える。常にスライスやフックしかでないゴルファーも多いが、十分にコントロールできれば価値があるのだ。

どんなアイアンを選択しようと、これから打とうとするショットのボールの弾道や飛距離、それにライについてよく考えることが必要だ。もしボールのライが悪くて、必要とされるショットができないと判断すれば、高さや飛距離、またはその両方を犠牲にして、次のショットが打ちやすい場所に打っていくのがよい。その場合、正しいクラブ選択をすることに特に気をつけたい。なぜなら、ストレートなショットであっても距離があっていなければ、方向が定まらないショットと同じようにスコアメーキングにとってはマイナスとなってしまうからだ。

[チップ・ショット：アドレス]
かなりのオープン・スタンスで構える。両足をほぼ揃え、左足のつま先を外側に向ける。ひざは柔軟にして、腰は、四分の一程度ホールの方に向ける。背中は、ほぼまっすぐで、首の部分だけが曲がっている。

[チップショット：バックスウィング]
ボールは両足の近くに置く。両手、両腕は体に接近。クラブは両手のみで引く。右ひじを右腰骨前につけて、両手、両腕、クラブの回転軸となるようにする。この回転軸を正しくセットできれば、ミス・ショットは減少する。

[チップ・ショット：ダウンスウィング]
クラブのロフトにまかせてボールを上げることだ。ボールをすくいあげようとして、ボールの下にスウィングしようとしてはいけない。ダウンスウィングでは、クラブヘッドが両手を追い越すことのないようにすること。つまり、ハンド・ファーストの状態を保つこと。

[チップ・ショット：フォロー]
クラブヘッドは地面低くに保たれる。両手でボールを上げようとする意識的な動作はない。急ぐことなく、スムーズにスウィングすること。

[ピッチ・ショット：アドレス]
両足はほぼ揃えて、スタンスはわずかにオープン。ボールは、両足にかなり近くに置くこと。両手と両腕は、体の近くに置き、体に触れることなくスウィングができるだけのスペースを確保すること。

[ピッチ・ショット：バックスウィング]
両手首は、すばやくコックする。両手および左腕でバックスウィングを始動する。

[ピッチ・ショット：トップ]
両手首は最大限にコックされ、右ひじは体の近くに位置する。腰と両肩の動きはほとんどなく、スウィングのぎこちなさをとる程度の動きでよい。

[ピッチ・ショット：ダウンスウィング]
ダウンスウィングは、左腰を左にターンすることにより始動。両手首のリストはインパクトでリリース。インパクトで両手はクラブヘッドに先行する。

[ピッチ・ショット：インパクト]
体重は左足に移動。クラブヘッドはボールを低く打ち抜き、ボールを無理に上げようとする意識的な動作はない。両手首はまっすぐ。クラブヘッドは両手を追い越してはいない。

[ピッチ・ショット：フォロースルー]
右半身はリラックスし、体重は左足の外側。このイラストで体の動きがわずかであり、あわてずにスムーズにスウィングしていることがわかる。両手は決して回内、つまり返ることはない。

[ショート・アイアン：アドレス]
スタンスは、左足を飛球線からわずかに引いたオープン・スタンス。両足の幅は、長いクラブになるにしたがって右足を広げてゆく。チップ・ショットでは、両足をほとんど揃え、ピッチ・ショットでは少し広げ、ショート・アイアンではさらに広げる。

[ショート・アイアン：バックスウィングの始動]
バックスウィングは、両手、両腕、両肩、腰のリズミカルな一つの同時動作として始動する。

[ショート・アイアン：バックスウィング]
ショート・アイアンでは、リストはウエストラインに達する直前にコックする。

[ショート・アイアン：トップ]
リストは、チップ・ショットを除き、すべてのショットで最大限にコックされる。ショート・アイアンの場合のバックスウィングでの体の動きはそれほど大きくはない。

[ショート・アイアン：ダウンスウィング（1/3)]
ダウンスウィングの始動は、鋭くかつ素早く行われ、体重は左サイドに移動する。アイアン・ショットではダウンスウィングでボールを打つこと。

［ショート・アイアン：ダウンスウィング（2/3）］
体重は、すばやく左サイドに移す。

[ショート・アイアン：ダウンスウィング（3/3）]
ボディアクションによる鋭い加速とダウンブローに注目。左手はほぼボールを通過しているが両手首のコックはいまだ解かれてはいない。

[ショート・アイアン：インパクト]
インパクトの瞬間。よく見ると、両手はクラブヘッドのわずか前に位置している。打ち込むこと。すくいあげてはいけない。

[ショート・アイアン：インパクト直後]
クラブからボールが離れた後も、両手の位置はクラブヘッドの前にある。クラブのロフトがボールを上げてくれる。手を使って、意識的にボールを上げようとする動作はない。

[ショート・アイアン：フォロースルー]
右足は完全にリラックス。両手、両腕が伸びている。

[ショート・アイアン：フィニッシュ]
右腕はまっすぐに伸びている。左腕の折りたたみが始まり、両手のリストは回内を完了。

[ミドル・アイアン：アドレス]
スタンスはスクエア。すべてのショットと同じように、シッティング・ポジションの構え。腰が両足のかかとよりも、外側に突きでていることに注目。こうすることで、体の回転がスムーズになり、バックスウィングで両手、両腕が通過できるスペースを確保することができる。

[ミドル・アイアン：バックスウィングの始動]
体の捻転と共に、すべてが一体となって始動する。

[ミドル・アイアン：バックスウィング（1/3）]
首が動作の車輪のハブとなる。両手、両腕、クラブは車輪のスポークであり、ハブのまわりを旋回する。

［ミドル・アイアン：バックスウィング（2/3）］
両肩は腰の動きについてゆく。アドレス時の両手首の状態を保ちながら、右ひじは右脇に引き付けられ、下方を指している。

［ミドル・アイアン：バックスウィング（3/3)］
両手首がコックを開始。バックスウィングが進むにつれ右腕は折りたたまれ、右ひじは下方を指す。

［ミドル・アイアン：トップ］
両ひざに注目。右ひざはアドレスの時と同じく柔軟性を保っている。左ひざは左腰の回転にしたがって右ひざに向かって絞り込まれている。

[ミドル・アイアン：ダウンスウィングの始動]
ダウンスウィングの始動は、ここでも左腰を左方向にターンすることだ。ダウンブローに打つためにボディ・アクションが加速され、体重は左サイドに移る。

[ミドル・アイアン：ダウンスウィング]
右腕が右脇腹に絞り込まれていること、および右脚はリラックスして左方向に送り込まれていることに注目。こうすることで、インサイドアウトに打つことができる。インサイドアウトに打つことは、すべてのゴルファーのゴールだ。

［ミドル・アイアン：インパクト］
両腕は、アドレスと同じく、右腕が左腕よりも下方にある。このポジションによって、クラブのロフトを生かして打つことができる。右腕が左腕よりも上方にきてしまうとロフトが減って、引っかけボールとなる。

[ミドル・アイアン：フォロースルー（1/2)]
両腕とクラブはハブを中心にして旋回し続ける。左腰は左に移動し続け、両手、両腕が通り抜けられて、スウィングがスムーズに完了するように十分なスペースがつくられる。

［ミドル・アイアン：フォロースルー（2/2)］
右半身は完全にリラックスし、クラブは上昇し続ける。この時点で、両肩が旋回して頭を引き上げる。

［ミドル・アイアン：フィニッシュ］
フィニッシュでのグリップの強さはアドレスの時と同じであり、スウィングを通じて変わらない。フィニッシュでグリップをリラックスさせるとこのことに気付かないと思うが、実際には、クラブをボールに振り下した時からこのリラックスは始まっている。

[ロング・アイアン：アドレス]
スタンスの幅は広くなる。しかし、ウッド・ショットの場合ほどではない。また、わずかにクローズドスタンス。長いアイアンでスタンスの幅を広げるのは、強打に備えて、体を地面にしっかりと固定しバランスを保つため。

[ロング・アイアン：バックスウィング（1/4)]
スムーズでリズミカルな動き。両手、両腕が伸びている。胴体が捻転。

[ロング・アイアン：バックスウィング（2/4）]
両手首のコックは遅めであることに注目。体重は右足に移動し、他のアイアン・ショットよりも胴体の捻転が大きい。

[ロング・アイアン：バックスウィング（3/4)]
頭は、アドレスの時と同様に不動。両手、両腕、両肩およびクラブは、ハブの周りをスムーズに旋回。

[ロング・アイアン：バックスウィング（4/4)]
グリップはしっかりして、緩んではいない。トップ・スウィングに近づくにつれ、グリップが緩む危険性がある。これは、致命的だ。

[ロング・アイアン：トップ]
「ゴルフの十字路」である危機の一つ。このポジションがダウンスウィングの良否をほぼ決定づける。

［ロング・アイアン：ダウンスウィング（1/4）］
ダウンスウィングの開始。両手、両腕を使わずに体でパワーとスピードをつくり出すこと。

[ロング・アイアン：ダウンスウィング（2/4)]
このイラストで明らかなように、パワーとエネルギーを正しい方向に使う前に完璧なバランスを保つことが重要。両手が両肩とウエストの中間にある一方で、クラブヘッドはまだほとんど左肩ごし後方にあることに注目。このポジションをつくり出すためには、リスト・アクションを遅らせること。

［ロング・アイアン：ダウンスウィング（3/4）］
体重を左サイドに移動し、インパクトの体勢完了。

[ロング・アイアン：ダウンスウィング（4/4)]
このイラストから、ボールをヒット・ダウンして打ち抜くために、左サイドへの十分な平行移動が行われていることが明白。

[ロング・アイアン：インパクト（1/3）]
両手、両腕がクラブヘッドに先行し、ボールをダウンブローに打ち抜く。
ボールを打った後にボールの先のターフを削りとる。

[ロング・アイアン：インパクト（2/3）]
このイラストで、左肩の付け根からクラブヘッドを結ぶ線がほぼまっすぐであることに注目。

[ロング・アイアン：インパクト（3/3）]
前のイラストとほぼ同じであるが、このイラストからインパクトで右手がボールを強打していることがわかる。

［ロング・アイアン：フォロースルー］
両手は、まだ回内を始めていない。フェースは、まだ飛球線に対してスクエア。右足に注目。

［ロング・アイアン：フィニッシュ］
右サイドはリラックスし、腰はボールの飛行方向に正対するように回転。
両手、両腕、両肩は、スウィングの完了に向けてハブを軸に旋回し続ける。

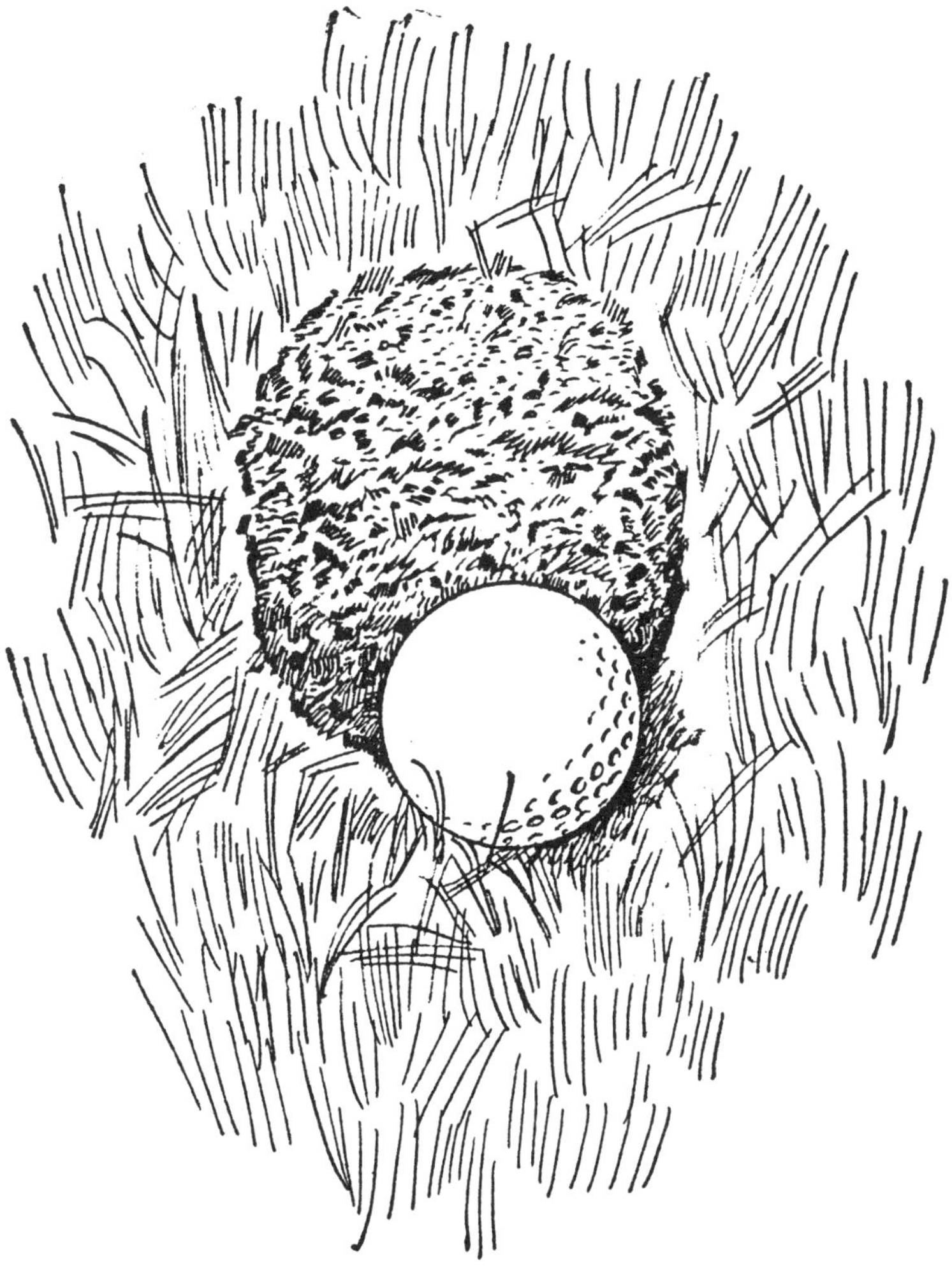

［ディボット］
アイアン・ショットで削り取られたディボットの拡大図。手前に置かれたボールの先の芝がクラブによってどの程度削り取られるかを示したイラスト。決してボールを強打することを恐れてはいけない。ボールを意識的に上げようとしてはいけない。

第七章　パッティング

パッティングの改善がいかに重要なことか

　これまでパッティングについていろいろと観察してきたが、一般ゴルファーがパットをうまくできない理由などないと思う。なぜなら、**パッティングは、ボールを優しく、しかしながらしっかりと打ってグリーンの上を転がす大変に単純なものだからだ。**しかし、単純明白な作業であるにも関わらず、ティー・ショットからグリーンに乗せるまではすばらしいゴルフができる多くのゴルファーが、パターでボールをホールに入れるのに苦労している。

　私が思うに、**パッティングは、集中力とリラクゼーションと自信の問題である。**したがって、精神的な側面が、ボールを実際にホールに入れる体の使い方と同じくらい重要である。なぜなら、パッティングでのミスは、体の使い方のミス以上に精神的緊張からくるミスの方がはるかに多いと言えるからだ。

　ほとんどのゴルフ・コースでは、18ホールでパーをとるために許されるパット数は各ホール２ストロークの合計36ストロークである。したがってパッティングを改善することは、価値がある。パッティングは、継続的な努力と練習によって、ストローク数を縮めることができる分野だからだ。フェアウェイでワン・

ストロークを失っても、取り返すことはできるが、グリーン上で失ったストロークは永久に取り戻すことができない。だから、パッティングは単純そのものであるが、ゴルフでは大変に重要なものなのだ。

パッティングで成功するには、理にかなったやり方と一連の決められた手順（ルーティン）を踏む必要がある。パッティングはもっとも個人差がある分野だ。他人とは違ったパッティング・スタイルであれ、スムーズなストロークをすれば成功の確率は高まる。

ラウンドでのパット数を減らすために多くの試みがなされてきたが、ここではパッティングの方法に絞って解説していくこととする。

パッティングの方法について

私は、パットのグリップは逆オーバーラップ（リバース・オーバーラップ）がベストだと思う。つまり、左の人指し指を右手の小指に重ねるというものだ。このグリップを私が好む理由は、右手の五本の指すべてが、シャフトに接触しているからだ。つまり、私のパッティングは右手主導で行われる。左手は、蝶番のように楽に動くように、シャフトの下方または、かなり左に置かれる。こうすることが、バックスウィングとフォロースルーで、クラブフェースをパッティング・ラインに対してスクエアに保つための唯一の方法だ。

前にすでに述べたように、パッティング・スタイルは個人差があり、スタンスも体重配分も個人差がある。ツアープロのほとんどは、私を含めて、わずかなオープン・スタンスで構える。つまり、右足が左足よりも前に出るスタンスだ。体重はすべて左足にかけ、両足はあまり開かない。

ボールにアドレスする時は、スタンスについての章で解説したポジションをとることだ。

つまり、三脚をイメージすることだ。こうすることで、完全なバランスが約束される。

パッティングの間中は、頭、両肩、腰が動かないようにする。そして、両腕、両手、両手首を使ってパットすることだ。当然、ボールにアドレスする時のパター・フェースは、ボールを転がしたいと思うラインに直角でなければならない。パターのヘッドも、ストローク中は直角を保っていなければならない。**ストロークする時には、パターをボールからまっすぐに引き、まっすぐに出す。そして、フィニッシュまでヒット・スルーすることだ。**オーバースピンをかけようなどとして、ボールの上を打とうなどしないことだ。とにかく、パターをボールからまっすぐに引き、まっすぐに戻し、ボールをスクエアにストロークすることに集中することだ。

いったん、正しいパッティング・ストロークの方法を身につけ、リラックスし、自信を持って構えることができ、目の前のパッティングに集中できる能力を身につければ、パッティングに関してある程度上級コースに進む準備ができたと言える。集中力というのは、目の前にある問題とその解決方法以外のすべてをシャットアウトする能力のことである。

もちろん、集中力は、ラインの選択、正しいスタンスとグリップ、そしてどの程度の強さで打てばよいのかなどの判断を含む。これらすべてのことを正しい手順で行う能力が自信につながり、身体をリラックスさせ、また精神的な不安から解放してくれるのだ。

パッティングがうまい人のほとんどは、クラブヘッドをボールにコンタクトし、ボールがフェースを離れる瞬間からボールを滑らかに転がす技能を持っている。

これは、フォロースルーを伴うもので、ボールを完璧にストロークした時に得られるフィーリングである。私の言いたいのは、このフィーリングは、ストロークの過程で意識的につくられるものではなく、感覚的に感じとるものだということだ。ボールに転がりを与えれば与えるほど、遠くに転がる。こうして得られる距離は、ボールに与えたパワーとボールの転がりによって決まる。

パットの転がりをよくするための能力は、ラウンド終了後にパターを自宅に持ち帰って、カーペットの上で練習することでも開発できる。私も何年もの間、トーナメント中に夕方ホテルに自分のパターを持ち帰って練習をしたが、効果はそれなりにあった。

グリーンを読む能力について

パットの準備をするにあたっては、グリーンの傾斜を知るためにまずグリーン全体のレイアウトを調べることだ。その上で、ボールがカップの近くでどの程度曲がるかの傾斜をみるために、カップ周辺を調べる。同時に、ボールをカップに届かせるのにどの程度の強さで打てばよいのかについて考えることだ。そして、ボールの背後に立って、ボールとカップの間のパッティング・ラインを見る。また、もしできるならば、パッティング・ラインの反対側から見てみることだ。これらはすべて「グリーンを読む」という作業だ。

最近、友人と話していた時に、未熟なゴルファーのほとんどが、トーナメント・プロの「グリーンを読む」能力にいたく感心しているということを知って私は大変驚いた。つまり、これまでプレーしたことのないコースであっても、トーナメント・プロがすぐに「グリーンを読む」ことができる能力に彼らは感心しているというのだ。

もちろん、「グリーンを読む」ことは、グリーン上のアンジュレーション（起状）や傾斜、芝目を調べて、ボールの転がりを判断する能力のことだ。

南アフリカ出身のプロであるボビー・ロックは、私がこれまでみたうちで、最も偉大なパッティングの名手である。彼はすばらしいパッティング・ストロークをする。しかし、それ以上にグリーンを読む能力は尋常ではない。私は南アフリカには行ったことはないが、南アフリカのグリーンは非常に芝目が粗いということだ。米国のゴルフ・コースのグリーンがボビー・ロックにとって全く恐怖でないのは、彼がどんなグリーンでも読むことのできる能力の持ち主だからだ。

当然、グリーンを読む能力は、経験によってしか身につけることはできないものだが、しかし、その能力を開発するためのいくつかのヒントはある。トーナメント・プロが、一般ゴルファーよりもグリーンを読む能力に秀でているのであれば、それは単に年間を通じて、多くの違ったグリーンでプレーしなければならないからだ。

私は、あまりトラブルに見舞われたことはないが、一九四八年の全米オープン選手権の舞台となったロサンゼルスのリビエラ・カントリー・クラブのグリーンは、読むのが難しいという評判であった。私はそこで開催された一九四八年と四九年のロサンゼルス・オープンで連勝した。私のパットが好調であった秘密は、海沿いのコースのグリーンであるからということだ。

リビエラ・カントリー・クラブを例に出したのは、有名なゴルフ・コースであり、また、ほとんどの海沿いのコースにあてはまる状況があるからだ。コースのどこからでも海が見えるというわけではないが、それでもパットに関して海辺のコース特有の影響がある。つまり、ほとんどの海辺のコース同様、リビエラのグリーンはすべて海に向かって切れるのだ。

一方、山岳コースでプレーする場合には、パットは山側と反対の方向に切れるということを覚えておくことだ。グリーンを読んだ結果、そうは見えなくても、山側と反対の方向に切れることがよくあるのだ。山岳コースでのパッティングは、天候と浸触の影響で、山側とは反対の方向に切れる。つまり、山岳コースのグリーンは、見た目とは違ったようにボールが転がるということだ。

これらは、経験の積み重ねによってしか身につけることができない。したがって、読者を混乱させたくはないので、これ以上の解説は差し控えることとしたい。

芝目の方向をどう読むか

もし、芝目を読めれば、カップにボールをしずめる努力の半分が済んだようなものだ。一つの方法は、グリーンが光っている場所を探すことだ。

もし、構えた時にグリーンの芝生が光って見える時は、芝目は順目ということになる。ボールの転がりは相当速いことを計算に入れて、スピードを調節することだ。そうでないとホールを通り越して、数フィートもオーバーして、今度はさらに難しい逆目のパットを残すことになってしまう。

構えた時に右側の芝生が光っている場合は、切れないと見えても右側を狙うようにする。なぜなら、芝目が右から左へ流れているからだ。逆も真である。つまり、もし、構えた時に左側の芝生が光っている場合は、左側を狙うようにするということだ。

また、ホールの反対側から見て、芝生が光っていたら、逆目のパットということだ。逆目のパットをする時は、当然カップにボールを届かせるために少し強めに打つことが必要だ。

時には、グリーンが左にうねり、芝目は右に切れるような場合がある。このような場合は、芝目あるいは傾斜のいずれをとるかを自分で決断しなければならない。

また、グリーンのアンジュレーション（起状）と芝目の双方が相互に打ち消し合うことを予想して、まっすぐに打つのも一つのアイデアだ。しかし、このような状況に対応する能力を身につけるには、試行錯誤によって自分で学んでいかなければならない。

また、グリーンの芝の種類や転がりの均一性などを歩きながら足の裏の感覚で判断できる能力を身につけることだ。そうすることで、使用グリーンの芝生の感覚とボールのスピードを知ることができる。このことは、パッティングの方法を習得するのに大変に役に立つものだ。

パッティングにおいては、ストロークがすべてではないということを覚えておくといい。どの程度の強さで、どこを狙うかを知ることが大事なのだ。

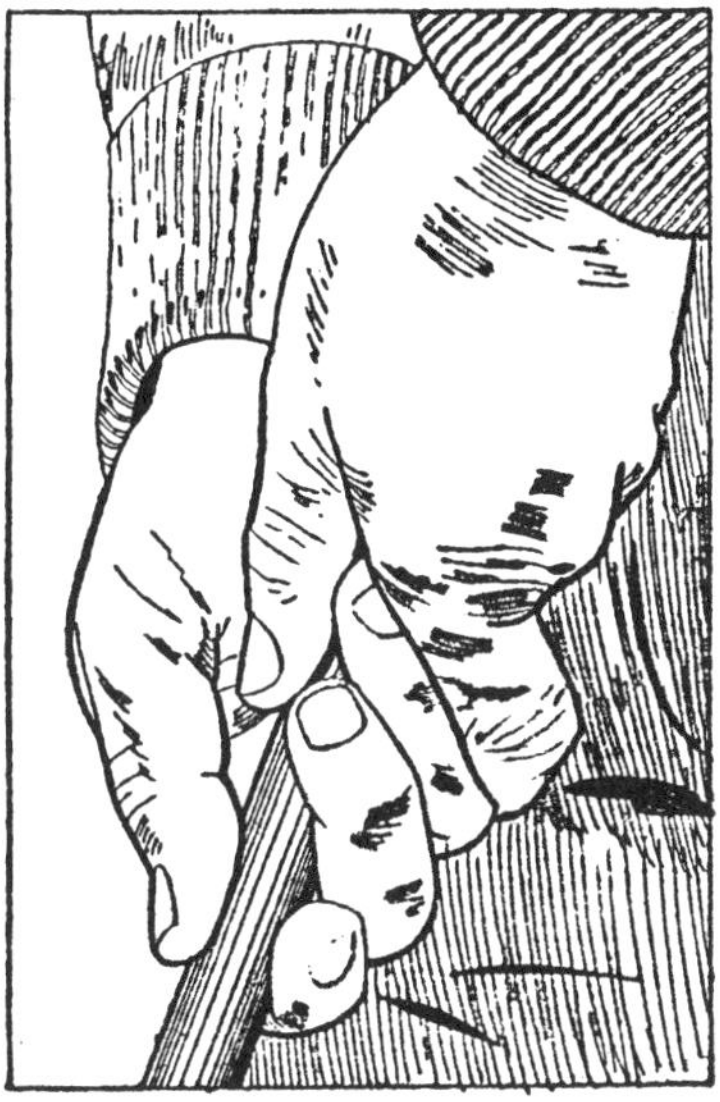

[パッティング・グリップ]
私のパッティング・グリップを横から見たイラスト。左手の甲がホールあるいは、パッティング・ラインをさしている。右の手の平はボールに対してスクエア。左手のグリップはパームグリップ。右手の五本の指で握る。右手の人指し指は、触覚器であるということに注目。

[リバース・オーバーラップ・グリップ（逆オーバーラップ・グリップ)]
リバース・オーバーラップ・グリップの指関節のイラスト。左手の人指し指は、右手の小指に重なっている。

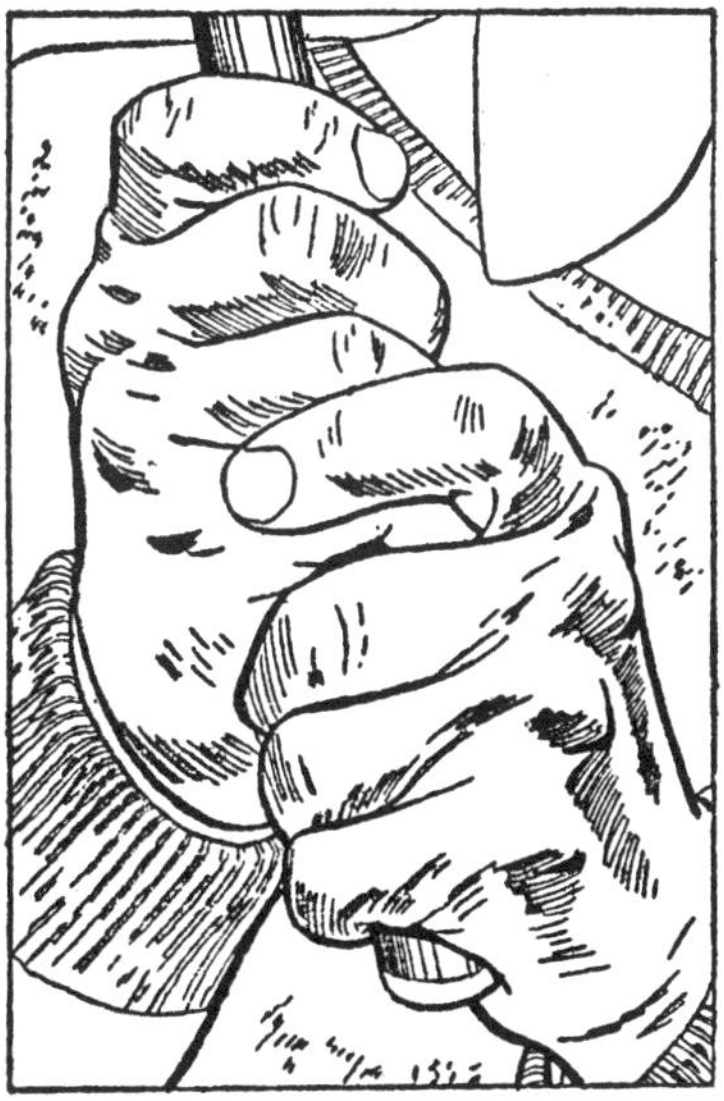

［パッティング：アドレス］
ゆったりと構えることだ。両目はクラブヘッドの真上。パターのフェースはパッティング・ラインに直角であることを確認すること。

［パッティング：テイクバック］
パターのフェースがパッティング・ラインに直角であることを確認しながら、両手、両腕でクラブをまっすぐに引くこと。バックスウィングでフェースがオープンになったり、クローズドになったりしないこと。

[パッティング：インパクト]
インパクトでは、距離に関係なく、ボールをスクエアにヒットすることを意識して心掛けること。ボールの上部や下部をヒットしようなどとしないこと。

[パッティング：フォロースルー]
フォロースルーでは、パターのフェースがパッティング・ラインにスクエアになっていることを確認すること。フェースを開いたり、閉じたりしないこと。

第八章　バンカー・ショットはやさしい

ジーン・サラゼンにとって、バンカーから脱出することはいとも簡単であった。したがって彼は、トーナメントでリードしている時には、観衆を沸かせようとして、わざとバンカーに打ち込んでいるのではと常に思わせるほどであった。

バンカー・ショットは、ゴルフで最もやさしいショットの一つだ。しかし、初心者のほとんどはバンカーから脱出するのに恐怖心を抱いている。どうして、そんなに恐怖に思うのか、私には理解できない。バンカー・ショットは、他のショットに比べて誤差の許容範囲が実に広いのだ。

距離の短いバンカー・ショットについて

距離の短いバンカー・ショットでは、ボールを打つ必要はない。ボールの手前の砂を打つだけでよいのだ。もちろん、そうは言っても、正しくやらなければならないが、サンド・ウェッジを使えばそんなに難しいことではない。

トーナメント・プロが好んで使うタイプのソールに厚みのあるサンド・ウェッジが、バンカー・ショットには理想的なクラブだ。通常の９番アイアンでは、砂の中に深く入り過ぎてしまう。

重量があり、ロフトが大きく、クラブフェースの表面も広く、砂にあまり深く入り込まないソールが厚いサンド・ウェッジがいい。このようなタイプのクラブに仕事をさせるようにしてバンカー・ショットをすることだ。つまり、すくい上げるのではなく、クラブにまかせてスウィングすればいい。重量があるので、クラブ自身がスウィングしてくれる。

バンカー・ショットでも、他のフル・ショットと同じく三脚をイメージすることだ。しかし、スタンスはかなりオープンに、そして、腰は目標の左を向く。

力を抜いて、どこにも緊張がないことを確認する。しかし、両足をしっかりと固定することが大事だ。そうでないと、砂の中で両足が滑ってしまうことになる。

砂の中にしっかりと両足を埋め込み、きちんと砂の中に収まっているかを確認するために両足を小刻みに動かしてみるといい。そして、両足を小刻みに動かしている間に、砂の硬さや砂質を判断することだ。バンカーの砂質や硬さを知れば、どのようなバンカー・ショットをすればよいのかを決める助けになる。

もちろん、アドレスで砂に触れたり、ソールしたりするのは、ゴルフ・ルール違反となりペナルティーが科せられる。距離の短いほとんどのバンカー・ショットではボールの手前約1インチ（約二・五センチ）を狙うことだ。バンカーとピンの間の地形がどうなっているかを見定め、もし、バンカーのあごが高くピンが見えない時にはバンカーから出て確認するといい。

アドレスでは、クラブフェースはオープンにして、ハンド・ファーストに構える。これで、グリーンに乗せるための〝エクスプロージョン・ショット〟の準備が完了したことになる。

バックスウィングでクラブを引く時は、両手首を早目にコックすることだ。つまり、クラブをかなり急角度に上げるのだ。なぜなら、クラブフェースをボール手前の砂に入れるためにダウンスウィングでヒット・ダウンする必要があるからだ。しかし、すくい打ちをするのではなく、フルスウィングすることだ。それでも、バウンスがあるためクラブが砂に入り込みすぎるのを防いでくれる。

バックスウィングで両手首をコックする時は、クラブを少しアウトサイドに引くことだ。そして、バックスウィングを大きくとる。そうすることで、バックスウィングでのクラブの軌道がギクシャクしたものではなく、スムーズなものとなる。

トップからは、他のクラブと同じようにダウンスウィングを始動するようにしたい。つまり、腰がまず左方向に回転し、その上でヒッティングの体勢に入るという具合だ。クラブフェースがオープンになっていることを確認しながら、アウトサイドから飛球線を横切るようにしてヒット・ダウンすることだ。クラブはボールの手前約1インチの砂に入れて、クラブフェースをオープンにしたままフィニッシュまで振り抜くことだ。

フォロースルーはとても大事だ。両手を返してクラブフェースを閉じたりすれば、シャンクが出る原因となる。シャンクはゴルフで最も深刻なエラーだ。

当然のことながら、グリップはしっかりしておくこと。でも、締めつけるような握り方であってはならない。

距離の長いバンカー・ショットについて

距離の長いバンカー・ショットでも、アドレスとスタンスは距離の短い場合と同じだが、二点重要な違いがある。

第一の違いは、クラブの選択についてだ。距離の短いバンカー・ショットでは、重いサンド・ウェッジを使うように推奨したが、しかし、距離の長い場合は、距離によって使用クラブは異なる。覚えておくといいのは、フェアウェイから同じ距離を狙う場合のクラブよりも一番手上のクラブを常に選択することだ。

砂を直接に打つとワン・クラブ分程度、場合によっては、ツー・クラブ分程度、飛距離が落ちる。どの程度落ちるかは、砂質が重いか軽いかによって決まる。

距離の短いバンカー・ショットと同じように、バンカー内で足場を固めるために小刻みに両足を動かしながら、砂の均質性をチェックすることをおすすめしたい。砂の均質性とショットへの影響を知る方法についてのコツを読者のみなさんに教えたいが、これは無理な話だ。バンカーから数打ショットすれば、ボールがゆっくりと出るのか、または速く出るかを判断する方法について、ある程度判断がつく。

距離の長いバンカー・ショットの場合、バンカーから脱出するだけでなく、できるだけ飛距離を出さなければならないという二つの課題がある。トーナメント・プロはグリーンまで200から250ヤードのバンカーからは4番ウッドを多用する。ただし、ライがよい時のみである。

距離があるバンカーから4番ウッド、またはその他のウッドを使う時には、手前の砂を打つのではなくボールを直接に打つことを心がけることだ。以上が、距離の短いバンカー・ショットと距離の長い場合の第二の違いだ。

距離の長いバンカーからウッドを使うかアイアンを使うかのいずれであっても、ボールをクリーンにとらえるためにボールを直接ヒットすることだ。このことは強調してもしすぎることはない。距離の長いバンカー・ショットでは特に重要だからだ。また、バンカーからウッドで思いきってショットする場合には、ボールがある程度浮いていることを確かめることだ。

[距離の短いバンカー・ショット：アドレス]
かなりのオープン・スタンス。腰を 1/4 ほどホールの方向に向ける。ウェッジのフェースを開き、両手をわずかにハンド・ファーストとし、ボールの約 1 インチ（約 2.5 センチ）手前を狙う。

[距離の短いバンカー・ショット：バックスウィング]
クラブをターゲット・ラインの少しアウトサイドに引いて、スムーズにバックスウィングを始動。両手首のリストを早めにコックして、クラブヘッドをすばやくピックアップすること。

[距離の短いバンカー・ショット：トップ]
両手首は最大限にコックされ、スムーズでゆったりとしたバックスウィング のトップが完成する。このことはすべてのバンカー・ショットに共通。

[距離の短いバンカー・ショット：ダウンスウィング（1/2）]
左腰を左にターンすることでダウンスウィングを始動。ハンド・アクションを遅らせること。

[距離の短いバンカー・ショット：ダウンスウィング（2/2）]
意識的にヒット・ダウンすること。また、ダウンスウィングは急ぐことなく、スムーズに行うこと。このようなバンカー・ショットでは強くスウィングする必要はない。

［距離の短いバンカー・ショット：フィニッシュ］
砂を打ち抜きフィニッシュに至る。両手は返さない。つまり回内しない。
クラブフェースはオープンのまま。

[距離の短いバンカー・ショット：後方から見たアドレス]
足場が不安定な砂の中でしっかりと両足を固定し、バランスがとれていることを確認すること。

[距離の短いバンカー・ショット：後方から見たトップ]
このイラストからクラブがアウトサイドに引かれていること、および、クラブフェースがこの時点でもオープンであることがわかる。

[距離の短いバンカー・ショット：後方から見たインパクト]
クラブフェースがオープンのまま飛球線を横切っている。クラブが砂に突き刺さるのを防ぐため、勢いよくクラブを振り抜くこと。

第九章　上り坂と下り坂のショット

全米アマチュア選手権に二度にわたって優勝したバッド・ウォードが、一九四七年の全英アマチュア選手権大会の舞台となったカーヌスティのコースの印象を聞かれて、次のように答えた。
「ナイス・ショットをしても、第二打はいつも1フィート（約三〇センチ）上り坂か、1フィート下り坂から打たされたよ」

ワシントン州出身のアマチュア・ゴルファーである彼は、カーヌスティが丘陵地であるために、セカンド・ショットを常に上り坂か下り坂から打たざるを得なかったことを言っているのだ。

カーヌスティは例外的なコースではあるが、通常のコースでは上り坂や下り坂から打たなければならない状況に遭遇するケースは上級者よりも初心者の方が多いであろう。上級者は初心者よりも、ショットを思った通りの好位置に置くことができるからだ。上り坂、下り坂のショットのボールの位置については、これまでいろいろと書かれている。当然、下り坂では、ボールは通常よりも右足寄りに置く。また上り坂では、通常よりも左足寄りに置く。

いずれの場合も、スウィングの最下点にボールを置くということだ。ボールの位置を1フィート右足寄り、あるいは左足寄りに置くかを考えるよりも、ボールとスウィング・アークとの関係を考えることで、ただちにボールの位置を決めることができるはずだ。

つま先上りのライの場合、普通のショットよりも両足から遠く離れて構えることだ。つまり、この場合はスウィング・アークはフラットなものとなる。また、つま先下がりのライの場合は、両足近くに構える必要がある、スウィング・アークは通常よりもアップライトとなる。

以上は理論的には正しいが、あまり深く考えるほどのことはない。ボールのライとスウィングによって、スウィング・アークは自動的に変化するからだ。

次のショットの落とし場所を決めるには、まずどのクラブを使用するかを決めることだ。しかし、それを決める前にグリーンまでの距離がどの程度かを正確に知ることが必要となる。もし、旗竿やグリーンが見えないのであれば、見えるところまで歩いていって確かめることだ。

上り坂の場合には、ワン・クラブ大き目のクラブを選択する。また、下り坂の場合には、ワン・クラブ小さ目のクラブを選択する。つまり、上り坂の場合には、バックスウィングのトップが小さくなるので、パワーがそれほど得られないことから、普通のショットで同じ距離を狙う時よりもクラブを一番手上げる必要があるのだ。また、下り坂の場合は、スウィング・アークが大きくなり、結果的に平地でのショットよりも飛距離が出るのだ。

また、クラブのロフトに関して言えば、下り坂の場合は、平地からの同じ距離のショットに比べてボールが上がりにくいので、一番手ロフトのあるクラブを選ぶことだ。つまり、下り坂では、何もしなくてもすでにヒッティング・ダウンすることになるので、ボールを上げるために追加のロフトが必要となる。これに対して上り坂のショットでは、全く反対の理由で、平地でのショットよりもロフトの少ないクラブを選択することだ。すでにボールを打ち上げる状態となっているので、ロフトがあるクラブを使う必要はない。

[下り坂のショット]
上り坂か下り坂か、またはつま先上りかつま先下りのライかに関係なく、ボールはスウィングの最下点となるところに置く。当然、このイラストのように下り坂のショットでは、ボールは右足寄りに置く。なぜなら、そこがスウィングの最下点だからだ。フォロースルーでは傾斜に沿ってクラブを走らすこと。

[上り坂のショット]
ボールは、スウィングの最下点である左足寄りに置く。フォロースルーは、傾斜に沿ってクラブを走らせる。下り坂では、ボールを上げるために普通のショットの時よりもロフトのあるクラブを使う。逆に上り坂の場合は、ボールが上りすぎるのを抑えるために、普通のショットの時よりもロフトが少ないクラブを選択する。

第一〇章　荒天下でのゴルフ　雨天と暴風雨下でのショット

雨の中でのショットについて

ゴルファーのほとんどは、雨天や荒天の時には、ゴルフをやりたいとは思わないものだが、それでもプレーしなければならない場合がある。たとえば、プレー中に暴風雨が近づいてきていても、対戦相手がプレーを続けたいと言い、それに応じてプレーを続行することとなる場合や、あるいはクラブ競技で、委員会の指示があるまではプレーを中止するわけにはいかない場合などだ。そのような状況の場合、荒天下でのプレーの方法を知っておくことはとても役に立つ。

雨の中でのゴルフでゴルファーがよく犯す誤りの一つは、悪コンディションの状況を埋め合わせようとして、すべてのショットを自分の本来の実力以上にやろうとすることだ。ボールを強打して遠くに飛ばそうとしたりして、スウィングのテンポを早めたりするのだ。そうすることでコンディションが悪いのをカバーするのではなく、逆に、本来必要ではない無駄なストロークを重ねてスコアをくずす羽目に陥ってしまうのだ。

したがって、**悪天候下でプレーせざるを得ない時にやるべきことは、抑え気味にして注意深く、そして、常に自分にできる範囲内でプレーすることだ。**また、雨天や暴風雨下でのすべてのショットは、ボールの手前の地面を叩くのではなく、ボールをクリーンに打つことを心がけることだ。

地面を先に叩いてしまうようなことになれば、水がクラブフェースとボールの間に入ってしまい、ボールがスライドする原因になってしまうのだ。そうなると、肝心な時にボールのコントロールを失い、ひとつかふたつストロークを落として深刻なトラブルを引き起こしかねない。

雨天や暴風雨下でのショットのスタンスは、足場をしっかりさせることだ。スウィング中に思いがけず足がスリップしたりすれば最悪だ。また、高いボールを打つようにすることだ。そのためには、ボールをクリーンに打てるように少しティーアップを高目にするのがよい。

ティー・ショットにいつもより時間をかけること。そして、飛距離を犠牲にしてでも、フェアウェイに打つように集中することだ。雨の日にラフから正確かつきちんとしたショットをするのは、至難の技だ。

当然のことながら、ウッド、アイアンに限らず飛距離はいつもより落ちる。したがって、たとえば普通の状況であれば4番アイアンで打つところを、雨天の場合は同じ距離を3番アイアンで打つようにする。芝目がきつく、びっしりと詰まっている場所からショットせざるを得ない時は、ボールを上げることに集中することだ。ボールを上げやすいショート・アイアンを使うといい。つまり、濡れた芝からのショットは、乾いた芝と同じにはスピンをコントロールすることはできないからだ。

いちかばちかの賭けはやってはいけない。また、決して手抜きをしてはいけない。濡れた芝からのフェアウェイ・ウッドやロング・アイアンのショットは必ずと言っていいほど、ボールは不自然な飛び方をする。したがって、ピンがグリーンの端やバンカー越えにある時には、ピンを直接狙うのではなく、グリーンのセンターを狙うことだ。

さらに、雨の日は2番ウッドと1番アイアンは、バッグから抜いておくことだ。2番ウッドや1番アイアンのようにロフトが立ったクラブでは、ボールを上げることはほぼ不可能だからだ。

バンカー・ショットのほとんどは、とにかく〝エクスプロージョン〟ショットとなる。特に砂が濡れた後ではそうだ。この種のショットは基本的には乾いた砂からのショットと同じではあるが、濡れたバンカーの砂は重いことから通常より大きめのスウィングをする必要がある。また、濡れたグリーンでは、ボールは落下地点近くに止まるということを覚えておきたい。つまり、グリーンに落ちてからほとんど転がらないので、コースの攻め方もこのことを念頭に置いてプレーすることだ。

突然の暴風雨に見舞われる季節にプレーする場合には、非常事態に対応できるように準備しておくのがよい。セーター、軽い防水のウィンドブレーカーをバッグの中に入れておくことだ。トーナメント・プロのほとんどは、これらに加えて、傘を用意している。傘は、雨除けになるほか、グリップを濡らさないのに役立つ。また、クラブをふいたり、濡れたグリップについた水分を取り除くためにタオルや布を用意しておきたい。皮のグリップは、雨の日のプレーでは滑りやすく、各ショットの前にグリップをよくふくことが必要だ。今では、コルクやラバーや麻でできた全天候用グリップがある。これらは大変に役に立つものので、どんな天候下でもよいグリップを約束してくれる。

しかし、何はともあれ、激しい雷雨の時にはプレーを中止することだ。思う以上にゴルフ・コースは危険であり、非常に多くのゴルファーが雷に打たれて死亡、あるいは重症をおっている。雷は危険極まりない。雷雨が近づいてきたら、即、プレーを中止すべきだ。

最も偉大なウィンド・プレーヤー

古くから言い伝えられているゴルフの格言に、風が吹くと大人のゴルファーと子供のゴルファーの違いがはっきりとわかるというのがある。つまり、風が吹いている時にきちんとしたゴルフができるのが大人のゴルファーで、そうでないのは、まだ子供のゴルファーというわけだ。

テキサスでは、いつも風が吹いている。だから、テキサスで育ったゴルファーのほとんどは風の中でのショットはお手のものだ。風の中でボールを操ることができなければ、テキサスでは好スコアは望むべくもない。バイロン・ネルソン、ロイド・マングラム、ラルフ・ガルダール、ヘンリー・ランソム、ハリー・トッド、ジミー・デマレーは、みんないずれも風の中でのショットの名手だ。彼らが風の中でのショットの名手であることは普通の人であれば知っていると思う。彼らは、今でもテキサスで70を切るのを目指して必死の努力をしている。

この中でも、ジミー・デマレーは最高のウィンド・ショット・プレーヤーだ。実際、私よりもかなり昔からトーナメントを見てきた人々が、彼はおそらくトーナメント史上最も偉大なウィンド・プレーヤーだと言っている。

デマレーが風に強いのは、彼のプロとしての最初の所属コースがメキシコ湾からの強風が一日中吹き荒れるテキサス州ガルベストンにあったからだ。当時、彼はトーナメント・プロとして生きる心構えで、相当な練習を積んでいた。

そのデマレーと組んで、フロリダ州マイアミで開催された一九四七年度インターナショナル・フォアボール選手権で、二年続けて優勝した。その時、彼は私が思うにこれまで見たこともないようなすばらしいショットをした。

このフォアボール選手権競技は、マイアミ・カントリークラブで開催されたが、このコースの11番ホールを知っている人であれば、そのグリーンがいかに小さいかがわかってもらえるであろう。このことに加えて、試合当日は右からの強いアゲインストの風が吹いていて、ピンはグリーン右側に切ってあった。ボールを右に打ち出してフックを打ち、グリーンに乗せようとすることなど問題外であった。そんなことをすれば、ボールは風に運ばれて、目標から大きく外れてしまうことは明らかだった。

デマレーは、しばらくの間、状況を分析した後で、風の中に低弾道で右に飛び出すショットを放った。ボールはグリーンに落ちて、ピンの近くで止まった。

一緒にプレーし、相当な悪コンディションであることを十分承知していた私は、彼のショットがいかにすばらしいものであったかがよく理解できた。その日の強風の中で、ボールを低く打って、しかもグリーンに届かせるのは信じられないくらいすごいことだ。それだけではない。右に打ち出して、ピンそばにボールを止めた。デマレーのショットは驚異的なものだった。

このデマレーのショットを引き合いに出した理由は、彼の風の中でのショットの技量に敬意を表するばかりではなく、読者のみなさんに、風の中であってもボールをコントロールして打つことができることを知ってほしいからだ。

風の中でのプレーの注意点

風の中では、デマレーがやったと同じように、常に低弾道のショットをすることだ。テキサスでは、低弾道のショットのことを「うずら飛翔ショット」と呼ぶ。ボールを「うずらが飛ぶ高さ」に保つことができれば、パワーは十分あっても雲の中に打つような高弾道のショットをしているゴルファーよりも、よいスコアがでることがわかるだろう。

風の日のプレーでは、スタンスの幅を広めにとることを忘れないことだ。そして、ボールは、普通のシヨットよりも右足寄りに置く。さらに、ボールにアドレスする時には、クラブフェースをほんのわずかにシャットにする。また、アドレスでもインパクトでも、十分にハンド・ファーストになるようにすることだ。

バックスウィングでは、通常より急角度でクラブを上げて、両手首を早めに最大限にコックする。ダウンスウィングでは、通常のショットよりも急角度でボールをヒット・ダウンし、そして両手がスウィングをリードし、体重が十分に左に乗っていることを確認することだ。

また、クラブヘッドを、フィニッシュまでできるだけ地面低くに保つ。インパクト後すぐに、クラブを引き上げるようなことはしてはいけない。ボールにコンタクトした後フィニッシュまで、両手がスウィングをリードするようにすることだ。

低弾道のボールは、ほとんど風の影響を受けないことを知って驚くであろう。もちろん、風の強い日には、風を味方につけて、風を利用する。また、風の影響による飛距離を考慮することだ。

飛距離にどの程度の影響があるかは、数発かそこらショットしてみればわかる。そのためにも、ラウンド前に練習場で何発か打ってウォーム・アップすることが必要だ。

また、風の日は、ボールのバウンドと転がりについても忘れないようにしたい。低いボールでグリーンを狙う時には、バンカーがガードしているような場合を除き、直接にグリーンに乗せることはしない方がいい。そのような場合は、風をある程度計算に入れて高いボールで攻めることだ。

アゲインストの風の中でプレーする時は、通常よりも番手の少ない長目のクラブを使うこと。ボールがあまり転がらないので、そのことを計算に入れておきたい。フォローの風の中でのプレーでは、番手を落としたクラブを使うこと。ボールが風にもっていかれ、いつもより転がりがあることを計算に入れる必要がある。

横風の場合には、風の強さとその影響を計算して、目標の右または左を狙うこと。

以上のヒントを参考にして、風の強い日の練習場での練習を活用することだ。そうすれば、初めて風の日にプレーすることになったとしても、気にはならないであろう。

第一一章　実践編

よいスウィングがよいスコアに結びつく

ウィリー・ターネサが一九四七年の全米アマチュア選手権に優勝した時のこと、多くのゴルファーは、彼が四年間の海軍での兵役で大きな試合にほとんど参戦していなかったにも拘らず、優勝できたことに驚いた。もちろん、その理由は一度よいゴルフ・スウィングを身につけ、試合の前に十分な練習をするチャンスがあれば、いつでもよいゴルフができるということだ。

ターネサは、試合前の練習ですぐに昔身につけたフォームを取り戻すことができた。彼はアマチュアの中でも屈指の、すばらしいスウィングの持ち主であったからだ。この彼の成功例は、ゴルフを習得中はスコアのことは忘れて、スウィングづくりに集中したほうがよいという一つの証しである。

一度、よいゴルフ・スウィングを身につけて、それを最大限に活用するための知識を自分のものにしてしまえば、誰もこれらをあなたから奪いとることはできないのだ。**結局は、よいスウィングを身につけることがよいスコアに結びつくのだ。**

確かに正しいスウィングの方法を学んだことがなくても、よいスコアを出すことができるゴルファーがいることはいる。しかし、遅かれ早かれ、そのようなゴルファーは調子をくずしてよいスコアを叩きだすことができなくなるのは目にみえている。例えば、前にいくつかの試合で優勝したが、今では80を切るのがやっとというゴルファーを私は知っている。彼の変則的なスウィングが災いしているのだが、トーナメントに勝つためにスウィングを改造して最初からやり直そうにも手遅れだ。

ボビー・ジョーンズは、今でもゴルフの天才少年と言われた当時と同じ華麗なスウィングの持ち主だ。もちろん、彼は、「ゴルフの帝王」と言われた昔ほどには試合に対する執念を持ち続けているわけではないが、それでも厳しいトーナメントであっても1オーバーか2オーバーで回ってくることができるのだ。

よいスウィングを習得し、ゴルフを体系的に学ぶことができる場所は練習場だ。実際にコースで打つ必要がある類似のショットに直面した時に、正しいリズムとルーティーンが自然とできるように各ショットのリズムを整える場所、それが練習場だ。ここで、私が言っているリズムと言うのは、別の表現で言うならば「段取り」（プロセス）ということになる。私が思うにウォルター・ヘーゲンはおそらくこのリズムのコントロールにかけては第一人者だ。

ヘーゲンは、マイペースで物事に十分に時間をかけるが、ラウンド中、時間をかけすぎると彼に対して文句を言うものは誰一人としていなかった。ティー・グラウンドに到着するのが遅れそうになることはあっても、ひとたびティーオフすると、自分の時間はもちろんのこと、他人の時間を無駄にするようなことは決してしてなかった。

練習は明確な目的を持ってすること

練習する時は、目的をもって練習することだ。単なる運動ということではいけない。いずれにしても、練習することそれ自体で運動になるわけで、**明確な目的をもって集中力をつける習慣を身につけることだ。**

これは、実際のプレーで大いに役立つことになる。つまり、スタートする前に、練習のために一定の時間を割り当てること。練習するショットの種類とそれに割り当てる時間を前もって計画し、その計画に従って練習するといい。私は、練習の信奉者ではあるが、今では、初めてトーナメントに参戦した昔ほどには練習に時間をかけることはできなくなっている。

練習について言えば、練習が最も必要なゴルファーに限って、ほとんど練習をしていないことを強調しておきたい。ウィークエンド・ゴルファーのことを念頭において言っているのだが、彼らは、筋肉が常に柔軟になるほどラウンドをしていないのにもかかわらず、練習場でのウォーミング・アップもせずに、そのままコースに出てしまうのだ。これとは対照的に、練習ラウンドであっても、ウォーミング・アップをせずに、ティーオフしようとするトーナメント・プロなどいないのだ。

だから、ほとんどの場合、自分が会員となっているコースを知りつくしたウィークエンド・ゴルファーは、後半の9ホールの方が前半のスコアよりもよいのだ。別に後半の方がコースがやさしいというわけではない。そうではなくて、前半でウォーミング・アップすることができたのがその理由だ。

有名なニューヨーク・ヤンキースの選手であったサム・バイドが、同じヤンキースのベーブ・ルースがゴルフに持ち込んだ野球での習慣について私に語ってくれた。この習慣は、練習場でウォーミング・アップせずにコースに出てしまうゴルファーには大変に役に立つものだと思う。それは、ティーグラウンドで自分の順番が来るのを待っている間に、二本のクラブを持って素振りをするというものだ。これは、野球で自分の打順が回ってくるまでの間、バット数本を持って素振りをするのと同じもので、ベーブ・ルースが現役時代によくやっていた習慣だ。**ゴルフにおける筋肉の柔軟性は、おそらくほかのどんなスポーツよりも重要である。しかし、ほとんどのゴルファーは、ウォーミング・アップをしないのだ。**

ホーガン流の練習方法

私の練習の仕方は昔からほとんど変っていない。まず、ショート・アイアン、通常は9番アイアンでボールをゆったりと打つことから始める。次に8番アイアンで同じように打つ、その後で7番アイアン、6番アイアン、5番アイアンにつれて、だんだんとスウィングを大きくしていく。

ウッド・クラブを練習する時は、スプーンから始める。よいライから打つことだ。ティーアップして練習しても何ら差支えない。最後にドライバーを練習するが、それまでの各クラブの練習ショットの結果に満足して初めて、次のクラブの練習に移るべきだ。

行きあたりばったりで、何の目標もなしにボールを打ってはいけない。私の場合は、毎回キャディーを目標にして、どこに打ちたいかをはっきりさせて各ショットを打つようにしている。また、練習であっても、その日の風やその他の重要なファクターを計算して、トーナメントで実際にプレーしていることをイメージして、各ショットをコントロールして打つ。

さらに、練習中、集中力を養成することにも務める。私は、ボールに歩みよってすぐに打つようなことはしない。前もって、どういうショットをどこに打っていくかを決める。

自分のまわりの雑音をすべてシャットアウトするようにして、どういうショットをどこに打っていきたいのかだけを考える力をつけることだ。もし構えている間に集中力を乱すようなことがあれば、最初からアドレスを仕切り直すことにしている。

気をそらすあらゆることにさらされながらも、長い間集中力を持続させる能力は、ゴルフにおいて大変に重要なものだ。練習場では、ショット以外のことはすべて排除するように集中する習慣を身につけることだ。そうすれば、本番でも意識せずに練習で培ったのと同じ手順を踏むことができるであろう。

当然、練習場では、実際のラウンドで遭遇するすべての状況を想定して練習することはできず、興味を維持することはかなり難しい。私の解決策は、すでに言った通り、**実際にラウンドをしていることをイメージして練習することだ**。それは、キャディーを目標地点に立たせるやり方だ。キャディーの立っている左、そして右、次に彼の頭上を越えるショットの組み合わせを考えながら、このセットを各クラブで行う。もし風が吹いている場合には、ボールを完全にコントロールしながら風を利用する打ち方をする。

以上のことを習慣として実行するようにすることだ。そうすれば、驚くほどたちまちのうちに各クラブの扱いに上達することができるであろうし、また、実戦で使う体験をすることができる。

実際のラウンドでは、私はボールに歩み寄りながら、いろいろと計算して、次のショットへの集中力を高めるようにする。このようなことを習慣づければ、集中力を三倍にも高めることができると同時にプレーのスピードアップにもなる。

上級者のスウィングを観察すること

もし、練習場でインストラクターをつける経済的余裕がないのであれば、よいフォームを習得する最善の方法の一つは、よいスウィングをしているゴルファーを観察することだ。最初のうちは、個々のゴルファーの癖によって、彼らのスウィングがそれぞれ違って見えるかも知れないが、重要な基本的要素は同じであることがわかるだろう。

上級者のスウィングを観察するにあたっては、動きの速い彼らのスウィングのどこに注目するかをあらかじめ決めておくこと。例えば、上級者は一様にバックスウィングをはくように始動する。そして、最初、クラブヘッドは地面低く引かれる。クラブを急激に持ち上げたりするような動作はまったくない。スローモーションで見ると、このバックスウィングの動作は体の中心から始動して、腰のターンがそれに続き、そして、最後に左下半身がクラブを後に引いていくという具合だ。

スウィングを観察する時は、スウィング中のクラブの軌道がよくわかるように後方から見るとよい。上級者のスウィング軌道は決してアウトサイドインにはなっていないことがよくわかるはずだ。

インテンショナル・スライスを打つのでない限り、上級者は決してクラブをアウトサイドに引くことはない。そんなことをすれば、ダウンスウィングでクラブは飛球線のアウトサイドから入ってきてしまうことになる。腰の巻き戻しによってダウンスウィングを始動することで、どのようにしてクラブヘッドがインサイドから入ってくることになるかをつぶさに観察することだ。

優秀なゴルファーは、トップ・オブ・スウィングから両手でクラブヘッドを放り出すようなことはしない。そのことに注目することだ。つまり、両手がウエストラインのあたりまで下りてくるまで、両手首はほとんどフルにコックされたままだ。同時に、右ひじがダウンスウィングの始動と同時に脇腹に戻っていることが観察できるだろう。

以上のことをチェックしてみることだ。そうすれば、優秀なゴルファーは、ボールを打つまでしっかりとした体勢を維持し、決して右足に体重がのったままで体がそっくりかえるようなことにはなっていないことがわかるだろう。したがってボールを打った後でも、決してクラブが急に持ち上がるということはない。どんな場合でも、ボールに向かって振り抜かれ、スウィング・アークは最下点近くでほぼフラットだ。また、アイアンの場合には、ボールが元あった位置の先の芝が削り取られる。

ゴルフにとってリズムは重要だ。優秀なゴルファーのすべてのリズムはほぼ同じだ。ゆったりとバックスウィングをし、ダウンスウィングは急がず、インパクトの瞬間まで徐々にクラブヘッドがスムーズに加速されるというものだ。

インストラクターのレッスンを受けることのすすめ

あなたのゴルフを改善するための最も効率的な方法は、有能なインストラクターのレッスンを受けることだ。もし、経済的余裕があれば、ぜひプロのインストラクターのレッスンを受けて、あなたのスウィングを見てもらうことだ。

つまり、たまにレッスンを受けるのではなく、通しのレッスンを申し込むことが重要だ。そうすることで、インストラクターの方も、あなたが単なる冷やかしではなく、真剣にゴルフを改善したいと思っていることを納得するというものだ。

インストラクターが言うことは、心を開いて素直に耳を傾けるようにしたい。あなたが知っているゴルフ理論をわざわざ講釈したりしないように。おそらく、彼はそんなことは、あなたよりもよく知っているはずだ。なんだかんだ言っても彼はゴルフが仕事だからだ。あなたのゴルフを改善するための彼自身のアイデアについて、語ってもらうことだ。

おそらく、あなたのゴルフがどういうものかを知る最善の方法は、インストラクターと一緒にラウンドすることだ。そして、この同伴ラウンドも一連のレッスンの一部であり、ゴルフはインストラクターの生業であるのだから、無料などと期待することはフェアではない。

レッスンを受ける時には、間違っても第三者を連れていかないこと。インストラクターは、あなたの関心をすべて一心に集める権利、資格がある。第三者を連れて行っても、あなたの気を散らし、集中力を乱すだけになる。

ゴルフを始めた年齢がいくつであろうと、**またどの位長い期間ゴルフをやっているかに関係なく、ゴルフを上達しようということをあきらめてはいけない。誰でも、よいゴルファーになれるのだ。**そのためにすべきことは、上達しようとの思いを持って、ゴルフの基本を練習することだ。「もう年が年だからそんなことをするのは無理だ」などと言った消極的な態度をとってはいけない。ゴルフに年齢など関係ないのだ。それが、ゴルフのすばらしさだ。熱心さと強い意志さえあれば、ゴルフというゲームで達成できないことなどないのだ。

マッチ・プレーの戦い方

多くのゴルフ選手権やトーナメントはマッチ・プレー形式によって優勝者が決まることから、その戦い方についてのヒントのいくつかを解説しておきたい。

まずは、対戦相手のツキや技量に影響されたり、リードされたからといって相手に追いつこうとして、自分のスタイルを変えたりしないこと。これが、マッチ・プレーを戦う上で忘れてはならない第一のことだ。

対戦相手はたまたまその日、調子がよいだけかも知れない。したがって、遅かれ早かれ、平均の法則に従って、彼のツキは落ちるのだ。彼が調子に乗っている時に無理やり追いつこうとして自分の実力以上のことをしないこと。そんなことをすれば、トラブルに陥ることは確実だ。あっという間に、大叩きをして、相手に追いつくどころではなくなってしまう。

自分のゴルフをし、相手がミスをするのを待つことだ。ほとんどのゴルファーは早晩ミスをするものだから、相手がミスをした時、そこにすかさず付け入るようにすることだ。

例えば、ある大きな試合の決勝戦で、私は午前中のラウンドを終えたところでスリー・ダウンを喫していた。対戦相手に追いつくには、いくつかバーディをとらなければならないことはわかっていたが、とれなくても別にあわてることはなかった。

相手のゴルフは、あまりにもでき過ぎであることはわかっていた。彼は、遅かれ早かれミスをするはずであり、その機会を私は待った。午後のラウンドの第二ホールで、ついに相手はセカンド・ショットでグリーンを外した。一方、私のボールはグリーンをとらえていた。

それこそ、私にとっての絶好のチャンスであり、私はこのチャンスを首尾よくものにした。相手は、そのホールをボギーとし、私はパーでそのホールを取った。別にセンセーショナルなことではなかったが、相手は、あわてたようであった。相手が再び落着きを取り戻すまでに、私は三ホール連続して奪取し、午前の劣勢を挽回し1アップのリードとなった。

当然、この結果で、私はがぜん自信を持った。結局、この決勝戦を勝ち抜き、優勝することができたのだ。ここで私が言いたいポイントは次のことだ。

「**チャンスを待つこと。チャンスを無理矢理つかもうとしてはいけない**」

もちろん、以上の話は理屈上はそうなるという話であって、実際には、理屈通りにいかないことも多い。しかし、私の経験から言えば、理屈通りになることも多いのだ。

マッチ・プレーの場合、相手を打ち負かすためにちょっとした心理戦を展開しない手はない。

例えば、ドライバーの飛距離がほぼ同じであった場合、パー4のホールでわざと相手にオーバードライブさせることだ。第二打は、あなたの方がグリーンから遠いので先に打つことになる。あなたの狙いは第二打をグリーンに乗せて、できるだけピンそばに寄せることである。

第二打でピンそばにつけられると、相手が相当心理的なプレッシャーを受けることは、証明済みだ。相手は第二打で、同じくピンそばに寄せなければならなくなる。これが、マッチ・プレーの決勝戦であまり飛距離が出ないショート・ヒッターが、応々にしてロング・ヒッターを打ち負かすこととなる理由のひとつだ。

一九三八年にショーニー・オン・ザ・デラウェア・ゴルフ・リゾートで開催されたプロゴルファーズ選手権の決勝戦が、おそらく、ショート・ヒッターが強打者を打ち負かした最も有名なケースだと思う。その試合は、ロング・ヒッターとはいえないポール・ラニヤンが、当時ロング・ヒッターの第一人者であったサム・スニードをエイト・アンド・セブンという大差で激破したものだ。

サム・スニードもポール・ラニヤンも調子は悪くはなかった。しかし、ポール・ラニヤンは、サム・スニードにティー・ショットをアウトドライブされても、第二打でグリーンに乗せて、常にサム・スニードのボールの内側につけたのだった。ポール・ラニヤンの正確なこのすばらしい技量に加えて、非の打ちどころのないパッティングにより、サム・スニードにゴルフ・キャリアで最悪の敗北をなめさせたのだった。

相手が最初にグリーンにオンさせても、決してあきらめてはいけない。たとえ、バンカーにつかまっていても、最終的に相手よりも少ないスコアで上がることはできるのだ。私がこう言うのは、あまりにも多くのゴルファーが、バンカーから脱出してワン・パットを沈めれば、引き分けとなる状況でありながら、やる気を失ってショットに取り組むことが応々にしてあるからだ。バンカーから脱出してグリーンに乗せてワン・パットということは、可能であるし、またよく起こることだ。

ウォルター・ヘーゲンは、ラウンド中、ある程度のミスはあるものと常に覚悟していた。彼の考え方は大いに役立つはずだ。**いろいろとミスはしても、そのことを気にすることなく全力をつくして各ホールをプレーする姿勢を持つことだ。**

〈スコアを改善するための八つのヒント〉

第一のヒント　練習をすること。

すでに解説したように、ほとんどと言っていいほど、自分のコースをよく知っているクラブ会員は後半の9ホールの方が前半の9ホールに比べてスコアがよい。その理由は、後半のプレーをする時には前半でウォーミング・アップが済んでいるからだ。スタート前に十分に練習する時間がなくて、五個程度のボールしか打てなくても、午前のプレーのスコアの改善には役立つだろう。さらに、筋肉をウォーミング・アップするだけではない。よいスコアを出すためには、最初からゴルフのことを考える心構えが必要だ。

第二のヒント　常識を働かせること。

多くのゴルファーは、ショットをする前に時間をかけてじっくり考えることをせずに、ストロークを無駄にしている。たとえば、バンカー越えの場合には、まずグリーンにボールを乗せることを考えることだ。この場合、バンカー・ショットをショートするリスクよりも、カップから遠いところにオーバーするエラーを許容することだ。つまり、常識を働かせることだ。

第三のヒント　十分にロフトがあるクラブを選択すること。

初心者は、グリーンを狙うのに十分なロフトのあるクラブを使わない傾向がある。その結果、ボールを高く上げることができずにショートするのだ。すると、次のホールで、前のグリーンでショートして失敗したことが頭に残る。しかし、ここでも、彼はクラブの選択を誤る。つまり、今度は、ショートしないようにと十分に距離を出そうとして、あまりに強打して飛距離を調整しようとする。その結果、クラブ選択の誤りにより、彼は二打も損をすることになってしまうのだ。

第四のヒント　ラフに入ったら、安全にプレーすること。

ラフに入ってしまったら、無理をしないことだ。なぜなら、ラフから脱出するのに無理をして3、4ストロークを失うよりも、1ストロークのロスを認めた方が賢明だ。

第五のヒント　サンド・ウェッジに習熟すること。

初心者のほとんどは、サンド・ウェッジの使い方に習熟するのを軽視している。このクラブが大変に役立つクラブであることがわかっていないのだ。

第六のヒント　クラブに仕事をさせること。

ボールを両手、両腕、胴体などで操ろうとするのではなく、自分のスウィングと自分が選択したクラブを信頼することだ。

第七のヒント　ピンを狙うのではなく、グリーンを狙うこと。

ピンがバンカー越えギリギリのところに切ってあるときは、決してピンを狙ってはいけない。このような場合は第二打ではなく、自分のパッティングに賭けた方がよい。冒険をするのであれば、すべてがコントロールできてからやることだ。

第八のヒント　恐怖心をいだかないこと。

恐怖心は、筋肉の反応に影響する。だから、池越えのグリーンに向けてティー・ショットをする時は、恐れや雑念をシャットアウトすることだ。

ゆったりとスウィングしさえすれば、池を越えることができるクラブがあるのに、池を恐れることは馬鹿げている。

訳者あとがき

本書は、グランド・スラマーの一人であり、完璧なスウィングの持ち主、近代ゴルフの始祖と言われているベン・ホーガン自身による著作である。日本でベン・ホーガンと言えば『モダン・ゴルフ』（ベースボール・マガジン社、原題 Ben Hogan's Five Lessons: The Modern Fundamentals of Golf）。『モダン・ゴルフ』と言えばベン・ホーガンである。そのベン・ホーガンに、もう一つの著作があったことは、日本ではあまり知られてはいない。それが本書『パワー・ゴルフ』である。

『モダン・ゴルフ』が出版されたのが一九五七年であり、『パワー・ゴルフ』が世に出たのは、それよりも約一〇年早い一九四八年のことである。つまり、本書はベン・ホーガンの処女作である。第二次世界大戦が終わり、ベン・ホーガン三六歳の時の著作である。

この時期の彼の戦績は、まさに飛ぶ鳥を落とす勢いであった。一九四六年に一三勝し、メジャーのPGAチャンピオンシップで初優勝を飾り、一九四〇年、四一年、四二年に続き、マネーランキング首位となり、翌年の一九四七年には、ロサンゼルス・オープンをはじめ七勝し、アメリカ・ライダーカップ代表兼キャプテンを務めた。一九四八年には一〇勝し、再びマネーランキング首位となり、年間最優秀ゴルファーに選ばれている。

そして、彼が、瀕死の重傷をおうこととなるグレイハウンドバスとの衝突事故に遭遇したのが、一九四九年。ロサンゼルス・オープン優勝の帰り路のことである。その後、彼が奇跡のカムバックを成し遂げたのは有名な話だ。彼のメジャー優勝の数は一〇であるがそのうちの四勝は、この事故の前に達成されている。また、彼の生涯優勝回数は六八であるが、そのうち一九四八年までに五二勝を挙げている。まさに、ベン・ホーガンのゴルフの絶頂期に書かれたのが本書である。本書のイラストは写真をもとにして描かれたもので、写真と違わないほど忠実に表現されている。

ベン・ホーガンの史上最高のショット・メーカー、ボール・ストライカーとしての名声とそれに伴う彼のゴルフ・スウィングの秘密について、多くの人が解明しようとしてきた。それもいまだに解明されていないというのが通説だ。その秘密が、本書の中に隠されているのではという期待もある。事実、本書は技術面やコースマネジメントについての考え方が、大変素直かつ正直に解説されているように思える。『モダン・ゴルフ』で言っていることと違った説明がなされている箇所もある。

たとえば、アドレスでの右足は飛球線にたいして直角という『モダン・ゴルフ』での説明は、本書では、右足のつま先をわずかだが外側に向けるようにとの解説である。また、飛距離を伸ばす彼流のやり方としてアドレスおよびダウンスウィングからインパクトにかけて、ゴルフシューズの右足の内側縁を強く埋め込む動作をすることで、クラブヘッドのスピードを加速させるとも言っている。決して『モダン・ゴルフ』には書かれていない彼のやり方である。

今でもタイガー・ウッズをはじめ一流のプロや、デビッド・レッドベターやジム・マクリーンなどの著名なインストラクターは、ベン・ホーガンのスウィングの研究に余念がない。結局、近代ゴルフは「ベン・ホーガンに始まり、ベン・ホーガンに帰る」のだ。本書は、日本の読者にとってゴルフについての不朽の「幻の名著」といえるものではないだろうか。みなさんが、未だ解明されていない彼の秘密を本書の中に発見されることを切に願う次第である。ベン・ホーガンが身長5フィート7インチ（約一七〇センチ）、体重一三七ポンド（約六二キロ）と日本人の体型に近いことは、日本人ゴルファーが彼の完璧なゴルフスウィングを体得することが決して不可能ではないとの希望を与えるものである。奇しくも今年はベン・ホーガン生誕一〇〇年の年である。この年に、彼の処女作を翻訳できたのは大変光栄なことであり、訳者冥利につきる。

最後に、翻訳作業にあたり、幼少期から米国に滞在し、ゴルフにも相当のエネルギーをつぎ込んできた娘の恵理の助力、アドバイスに感謝する次第である。また、何と言ってもゴルフを始めて半世紀、その間ずっと、私にとって常に憧れのショット・メーカーであるベン・ホーガンの処女作の翻訳の機会を与えていただき、また、編集面で大変お世話になった筑摩書房の羽田雅美さんに感謝する次第である。

二〇一二年八月一三日　ベン・ホーガン生誕一〇〇年の記念日に

前田　俊一

④

⑤

⑥

⑩

⑪

⑭

⑮

⑯

◎付録　各ショットの連続イラスト

〈ドライバー・ショットの連続イラスト〉

①

②

③

⑦

⑧

⑨

⑫

⑬

③

④

⑦

⑧

⑪

⑫

⑬

〈後方からみたドライバー・ショットの連続イラスト〉

①

②

⑤

⑥

⑨

⑩

③
④
⑤
⑨
⑩
⑪
⑭
⑮

〈ロング・アイアンの連続イラスト〉

④

⑤

⑨

⑩

〈ミドル・アイアンの連続イラスト〉

①

②

③

⑥

⑦

⑧

⑪

⑫

ベン・ホーガン（Ben Hogan　1912-1997）
アメリカ生まれ。ゴルフ史上、屈指のプレーヤー。「間違いなく史上最高の選手」と評価する声もある。プロのトーナメントで64勝（メジャー９勝）を達成。グランド・スラマーの１人。1949年、自動車事故により瀕死の重傷を負うが、わずか11カ月後にトーナメントに復活、その５カ月後に2度目となる全米オープン優勝を達成。この後も、６つのメジャー大会を含むプロゴルフツアー12勝を達成している。彼の著書『モダン・ゴルフ』は、日本でもいまだに読み継がれており、プロアマ問わず、多くのゴルファーのバイブルと言われている。

前田俊一（まえだ・しゅんいち）
1945年生まれ。1969年慶應義塾大学法学部卒業。同年、三菱商事入社。主としてM&Aアドバイザー業務やPEファンド投資を含む投資銀行／マーチャントバンキング業務を担当。1980年コロンビア・ビジネススクールMBA取得。1984～87年世界銀行勤務。三菱商事退社後、2003～08年リーマンブラザーズ証券副社長、2008～10年ドイツ証券副会長を歴任。ビジネス関連の翻訳書多数。ゴルフ関連では、『ボビー・ジョーンズ　ゴルフの神髄』『ベン・ホーガンが「モダン・ゴルフ」で明かさなかった秘密』（共にちくま文庫）等がある。

ベン・ホーガン　パワー・ゴルフ　　完璧なスウィングの秘訣はここにある

2012年12月20日　　初版第１刷発行
2021年10月15日　　初版第２刷発行

著者　ベン・ホーガン
訳者　前田俊一
発行者　喜入冬子
発行所　株式会社　筑摩書房
東京都台東区蔵前2-5-3
郵便番号111-8755　電話番号03-5687-2601（代表）
印刷　凸版印刷株式会社
製本　凸版印刷株式会社
ISBN978-4-480-87859-5 C0075